Japanese combined edition of
BUILT FOR SUCCESS series:

| | |
|---|---|
| The Story of Disney by Valerie Bodden | Copyright © 2009 Creative Education |
| The Story of Nike by Aaron Frisch | Copyright © 2009 Creative Education |
| The Story of McDonald's by Sara Gilbert | Copyright © 2009 Creative Education |
| The Story of Apple by Sara Gilbert | Copyright © 2012 Creative Education |
| The Story of Google by Sara Gilbert | Copyright © 2009 Creative Education |
| The Story of Facebook by Sara Gilbert | Copyright © 2013 Creative Education |

Japanese translation rights arranged with The Creative Company.
Japanese edition copyright © 2016 Nishimura Co., Ltd.
All rights reserved. Printed and bound in Japan

Photographs by :

Disney: Alamy (Allstar Picture Library, Content Mine International, Blaine Harrington III, Jon Arnold Images Ltd, Richard Levine, LHB Photo, Alan Myers, M. Timothy O'Keefe, Photos 12, Pictorial Press Ltd, Chris Wong, www.white-windmill.co.uk), Corbis (Paul Almasy, Bettmann, Jonathan Blair, Douglas Kirkland)

Nike: Alamy (Laskowitz), Corbis (Bettmann, Jonathan Ferrey, Wally McNamee, Franck Seguin/TempSport), Getty Images (Andrew D. Bernstein/NBAE, Todd Bigelow/Aurora, Tim Boyle, Clive Brunskill/Allsport, David Cannon, MIKE CLARKE/AFP, Jonathan Ferrey, Mark Dadswell, Jonathan Ferrey, FRANCK FIFE/AFP, Kevin Fleming, Nick Laham, Alan Levenson//Time Life Pictures, Jasper Juinen, Bob Martin/Allsport, Co Rentmeester//Time Life Pictures, Ron Vesely), Oregon Archive

McDonald's: Alamy (Ferruccio, Kevin Foy, Jeff Greenberg, Kim Karpeles, Oleksiy Maksmenko, Jiri Rezac, Helene Rogers, Stephen Saks Photography, Vario Images GmbH & Co.KG, Jim West), Corbis (Louie Psihoyos), Getty Images (Tim Boyle, Focus on Sport, LUI JIN/AFP, Guang Niu, Thos Robinson, Art Shay//Time Life Pictures, Brendan Smialowski, Mario Tama)

Apple: Alamy (Aerial Archives, Avatra Images, JoeFox, Richard Levine), Corbis (Bettmann, Ed Kashi), Getty Images (Apic, Apple, Jack Atley/Bloomberg, Alan Dejecacion/Newsmakers, Andrew Harrer/Bloomberg, Kelsey McNeal/ABC, Miguel Medina/AFP, Gilles Mingasson/Liaison, Tom Munnecke, SSPL, Justin Sullivan, Ted Thai/Time & Life Pictures, Kim White/Bloomberg, James D. Wilson/Liaison)

Google: Alamy (David R. Frazier Photolibrary Inc., Bob Elam, Michael Gottschlak/AFP, Alex Segre, vario images GmbH & Co.KG), Corbis (PETER MORGAN/Reuters, Kim Kulish, Roger Ressmeyer, Ramin Talaie), Getty Images (TONY AVELAR/AFP, FREDERIC J. BROWN/AFP, MARTIN BUREAU/AFP, MICHAEL GOTTSCHALK/AFP, NASDAQ, Ralph Orlowski, Panoramic Images, Mike Powell, Dick Strick/Time & Life Pictures, Justin Sullivan)

Facebook: Alamy (Art Directors & TRIP, CJG-Technology, digitallife, NetPhotos, NetPics), Corbis (Rick Friedman, PHIL McCARTEN/Reuters, BRIAN SNYDER/Reuters, Wu Kaixiang/XinHua/Xinhua Press), Getty Images (Antoine Antoniol/Bloomberg, Juana Arias/The Washington Post, Tony Avelar/Bloomberg, Noah Berger/Bloomberg, Andrew Harrer/Bloomberg, Gilles Mingasson, Leon Neal/AFP, Justin Sullivan, Kimberly White)

ディズニー、ナイキ、マクドナルド、アップル、グーグル、フェイスブック

# 夢を追いかける起業家たち

著●ギルバート／フリッシュ／ボッデン　日本語版監修●原　丈人　訳●野沢佳織

西村書店

本書で論じられているディズニー（Disney®）、ナイキ（Nike®）、マクドナルド（McDonald's®）、アップル（Apple®）、グーグル（Google®）、フェイスブック（Facebook®）の会社名と諸製品名は、それぞれ、ウォルト・ディズニー・カンパニー（The Walt Disney Company）、ナイキ（Nike Incorporated）、マクドナルド（McDonald's Corporation）、アップル（Apple Inc）、グーグル（Google Incorporated）、フェイスブック（Facebook, Inc）の登録商標もしくは商標です。また、本書で言及されている上記6社以外の会社の製品の商標は、それぞれの所有者の商標です。本書は上記6社の公式出版物ではありませんので、本書で述べられている見解はあくまで執筆者の見解です。

目 次

第1章　ディズニー　Disney ……………………………………………………… 5
第2章　ナイキ　Nike ……………………………………………………………… 35
第3章　マクドナルド　McDonald's …………………………………………… 65
第4章　アップル　Apple ………………………………………………………… 95
第5章　グーグル　Google ……………………………………………………… 125
第6章　フェイスブック　Facebook …………………………………………… 155

日本語版　監修者の言葉 ………………………………………………………… 185
用語索引 …………………………………………………………………………… 190

# 第1章
# ディズニー

1923年、ウォルト・ディズニーは兄のロイと「ディズニー・ブラザーズ・スタジオ」をハリウッドに設立した。そのときの目標は、アニメーション映画をつくるという、ひかえめなものだった。手持ちの資金はわずか3000ドルあまり、しかもほとんどが借金で、あとは中古のカメラくらいしかなかった。そこから始めて、ウォルト・ディズニー・カンパニーとして知られる、一大エンターテインメント王国を築いたのだ。今日、ウォルト・ディズニー・カンパニーは世界中で事業を展開し、その年間売上高は450億ドルを超えている。はじまりはささやかな映画製作スタジオだったが、信じがたい成長を遂げ、今では複数の映画スタジオをはじめ、テーマパーク、クルーズ客船、テレビとラジオのネットワーク、レコード会社、出版社、小売店などを含む巨大企業となった。だが、昔も今も、ウォルト・ディズニー・カンパニーの最も有名な「顔」といえば、ミッキーマウスだろう。すべては、このアニメーション・キャラクターから始まった。

# 1 成功のチャンスを求めて

　ウォルト・ディズニーは21歳のとき、家族と暮らしていたミズーリ州のカンザスシティを出てカリフォルニア州のハリウッドに行こうと決めた。しかし、そのときはまだ、ミッキーマウスというキャラクターを思い描いてさえいなかった。カンザスシティでは、友人と「ラフォグラム・フィルム」という会社を興(おこ)し、アニメーションのキャラクターをいくつかつくり出していたが、会社は倒産してしまい、ウォルトはアニメーション製作を続ける意欲を失っていた。

　ところが、ハリウッドに行っても仕事が見つからなかったため、ウォルトはまたアニメーションづくりを始めた。そしてほどなく、兄のロイを説得し、ふたりでアニメーション製作会社をつくることにした。ロイは結核(けっかく)を患(わずら)ってロサンゼルスの病院に入院しており、ようやく快復しかけたところだった。ふたりはさっそく「ディズニー・ブラザーズ・

ディズニーの初期のアニメーション映画『アリスのコメディ』シリーズは、1865年にイギリスで刊行された物語『不思議の国のアリス』に着想を得たものだった

スタジオ」を設立し、狭くて窓のない賃貸のオフィスで、『アリスのコメディ』というシリーズものの短編アニメーション映画を製作した。それは、人間の女の子がアニメのキャラクターたちの世界に迷いこんで冒険をするという映画だった。

　最初の年はほとんど利益をあげられなかったが、ウォルトもロイもきっとうまくいくと自信を持っていた。とくに楽天家のウォルトは、いずれ「ディズニーの名を世界中で有名にする」と父親に語った。ウォルトは初め、アニメーション用の絵の多くを自分で描いていたが、じきにもっと有能な画家がいることに気づき、そうした画家をアニメーターとして雇って、自分は監督役に回った。ウォルトがもっぱらクリエイティブな面で会社を引っ張っていたのに対し、ロイは経営面を引き受け、金に無頓着なウォルトに予算を守らせようとした。1926年、ふたりは会社名を「ウォルト・ディズニー・プロダクションズ」に変えた（さらに後年、社名は「ウォルト・ディズニー・カンパニー」となる）。ひとりの人間が映画をつくっているという印象を与えたほうが、ビジネスの面で有利と考えたのだ。

　社名を変えても、映画はなかなか売れず、たった2、3人の社員に給料を払うのもやっとという状態だった。しかし、1927年に「しあわせウサギのオズワルド」というキャラクターをつくったところ、たちまち人気が出た。アメリカ中の人々が、オズワルドの最新の冒険——飛行機で競争したり、アフリカで猛獣狩りをしたり——を見ようと映画館につめかけた。街の商店の棚には、たれ耳のオズワルドの絵が入ったさまざまな商品が並んだ。ウォルトは、ついに大きなチャンスをつかんだと確信し、映画を共同製作し映画館への配給を行っていたユニバーサル映画と新たな契約を結ぶため、妻のリリーを連れてニューヨークに旅立った。オズワルド人気のおかげで、製作費を増やしてもらえるものと期待していた。ところが、ユニバーサル映画からは、製作費を減らすと言われただけでなく、ウォルト・ディズニー・プロダクションズ（以下、「ディズニー」と記す）のアニメーターを、

【ハリウッド】
カリフォルニア州、ロサンゼルス近郊の街。1900年代前半に、大手映画会社の撮影所が数多く造設され、映画産業の中心地となった。アメリカの大作映画を「ハリウッド映画」と呼ぶのもこのことに由来する

【利益】
収入(入ってきたお金)から費用(出ていくお金)を引いた額。もうけ

【予算】
ある目的のために、前もって費用を見積もること。また、その費用をさす

ひとりを除いて全員引き抜いたと告げられたのだ。さらに悪いことに、オズワルドというキャラクターを使用する権利は、ディズニーではなくユニバーサル映画にあった。

ウォルトは意気消沈したが、決してくじけず、カリフォルニアにもどる汽車に乗ると、いたずら書きを始めた。じきに、丸くて大きな耳をしたネズミが「(ウォルトの) 頭のなかからスケッチブックの上に飛び出した」。ウォルトは妻のリリーに、「モーティマーマウス」という名前はどうだろう? とたずねた。するとリリーは、「ミッキーマウス」のほうがいいんじゃない? と言った。その瞬間、アニメ史上最も有名なキャラクターのひとりが誕生したのだ。

1928年5月、ミッキーマウスを主人公にした最初の映画の試写会が、ハリウッドで行わ

ウォルト・ディズニーがミッキーマウスというシンボル的なキャラクターを考案するや、彼の会社は大成功を約束されたようだった

れた。『プレーン・クレイジー（飛行機狂）』というタイトルの、6分間の短編映画だった。ほどなく、2本目の短編映画、『ギャロッピング・ガウチョ』の試写会も行われた。ハリウッドの映画関係者の反応は悪くなかったが、配給したいと言ってくる会社はなかった。そこでディズニー兄弟は、何か特別なことをしてミッキーマウスに注目してもらわなければ、と考えた。ちょうど、2、3カ月前に史上初の音声入り映画が封切られ、話題を呼んでいたので、ウォルトは、ミッキーマウスの映画も音声入りにしようと提案した。そうして完成したのが『蒸気船ウィリー』、世界初の音声入りアニメーション映画だ。ウォルト自らが吹きこんだミッキーマウスの声＊は、たちまちアメリカ合衆国で最もよく知られた声となった。そして、全米の映画館に「ミッキーマウス・クラブ」が誕生した。そこでは子どもたちがミッキーの歌を歌い、ミッキーのキャラクターグッズを交換し、最新のミッキーの映画を観た。じきに、ヘアブラシからパジャマまで、目覚まし時計から人形の家まで、あらゆるものにミッキーの絵が入るようになった。

　ミッキーの人気は大変なものだったが、ウォルトは成功を喜んでばかりはいなかった。映画界のもうひとつの技術革新（イノベーション）である、カラー化に注目していた。1932年、ディズニーは初のカラーアニメーション映画となる『花と木』を製作し、**アカデミー賞**の短編アニメ賞を受賞した。

　ウォルトはそれでも満足しなかった。それまでのところ、アニメーション映画は、どの製作会社がつくるものも短編ばかりで、もっぱら実写の長編映画の前に上映されていた。だがウォルトは、短編の20倍の長さの長編アニメーション映画をつくろうと考え、1934年、『白雪姫』の製作に取りかかった。それを知った映画関係者は、アニメーション映画を1時間半もじっと座って観る人などいやしないと言い、『白雪姫』を「ディズニーの道楽」などと呼んでからかった。

　『白雪姫』は3年の歳月と150万ドルの製作費を費やして完成し、ロサンゼルスの映画館

ディズニー

---

【アカデミー賞】
1927年に創設されたアメリカの映画賞。贈られる像の名前から、オスカーともいう。ウォルト個人は『花と木』以降、合計26のアカデミー賞を受賞。64回のノミネートは個人最多として、ギネスにも認定されている

＊予算の都合から、ウォルト本人がミッキーマウスだけでなくミニーの声優もつとめていた。ミニーの声は『プレーン・クレイジー』までの3本、ミッキーの声は『ミッキーのダンスパーティー』（1947年）まで20年間担当している

で封切られた。この、世界初の長編アニメーション映画の**プレミア**には、チャーリー・チャップリン、シャーリー・テンプル、ジョージ・バーンズなど、当時の大スターが顔をそろえた。批評家たちは、生身の人間ではない、たかが漫画の若者と娘が恋に落ちるなんてだれも信じやしないだろうと言っていたが、観客は、白雪姫が死んだと思われた場面で涙を流した。プレミアは大成功で、その後、『白雪姫』は800万ドルの**興行収入**をあげ、アカデミー賞の栄誉賞を受賞した。このときのオスカー像は、通常の像のほかに小さな像が7つ、ついているものだった。7人のこびと、ひとりにひとつずつというわけだ。こうして、ウォルトとロイのディズニー兄弟は、一躍有名になった。

【プレミア】
プレミアショーの略。一般に公開する前の、試写会や披露興行のこと

【興行収入】
映画・演劇・試合などの催し物によって得られた入場料や見物料の合計

ミッキーマウスをあしらったグッズ（とくに1930年代のもの）はコレクターにとても人気があって、大変な高値がつくこともある

「ウォルトの魅力を本当に説明できる人なんていないさ……
彼はふつうの人間だけど、ちょっとだけ魔法が使えたからね」

——ウォルト・ディズニー・プロダクションズの製作スタッフだった、
ピーター・エレンショーの言葉

## 完璧さを求めて

　ウォルトこと、ウォルター・イライアス・ディズニーは、1901年12月5日、イリノイ州のシカゴで、父イライアスと母フローラのあいだに生まれた。5人きょうだいの4番目で、兄が3人と妹がひとりいた。5歳のとき、一家でミズーリ州マーセリーンの農場に引っ越すと、ウォルトは毎日、外で遊んで過ごした。そして1911年、ディズニー家は再び引っ越しをした。今度は同じミズーリ州のカンザスシティだ。ウォルトは毎朝3時半に起きて、すぐ上の兄のロイと、学校へ行く前に新聞配達をした。ほかの新聞配達の少年たちは、配達する家の前庭の芝生に新聞を投げこんでも叱られなかったが、ウォルトの父親は息子たちに、新聞を必ず防風ドアの内側に置くようにと命じた。ウォルトもロイも、当時は新聞配達がいやでたまらず、まだ9歳だったウォルトは寒い朝に新聞を配りながらよく泣いたが、この経験から、顧客ひとりひとりに満足してもらうことの重要性を学んだ。また、仕事を完璧に成し遂げようとする姿勢が自然と身についた。このふたつの要素は、後年、ふたりの事業の展開のしかたにはっきりと現れてくる。

## 2 王国の発展

『白雪姫』の大成功で得た利益を、ディズニー兄弟は会社に注ぎこんだ。そのひとつが、新たなスタジオの建設だった。カリフォルニア州バーバンクに完成した新スタジオには、バレーボールとバドミントンのコートのほか、職場まで出前をしてくれるレストランとカフェがあり、屋上にはジムもあった。

また、アニメーターたちがさらに見ごたえのある長編映画をつくれるように、『白雪姫』の利益の一部で美術の講師を会社に招き、授業をしてもらったりもした。

だが、そうして利益を使い果たしたあと、ディズニーは再び財政難に直面する。1939年、ドイツがポーランドに侵攻し、第二次世界大戦が勃発すると、ディズニーの収入の半分近くを稼ぎ出していたヨーロッパの市場が、突然消えてしまった。ディズニーは1940年に、2本のアニメーション映画、『ピノキオ』と『ファンタジア』を公開したが、いずれも

ディズニーの『白雪姫』は、アニメーション映画もヒット作になり得ることを示した

興行収入が製作費を下回ってしまった。

　しかし、ウォルトもロイも、1000人ほどいる社員のだれひとりとして解雇したくはなかったので、会社の株式を売って得た金でなんとか事業を続けた。それでも、兄弟の苦労とは裏腹に、人員が削減されるらしいという噂が広まって、社員の多くが労働組合に加入した。1941年5月には、ディズニーの製作部門スタッフの半数近くがストライキに突入し、「ウォルトは社員をこき使う雇用主だ」と批判する看板などを掲げて、スタジオの前をデモ行進した。デモには加わらないものの、ピケラインを突破してまでスタジオに入ろうとはしない社員もいた。だが、なんとかピケラインを抜けてスタジオに入った者たちは、次の長編アニメーション映画『ダンボ』の製作を続け、大ヒットに導いた。ストライキは、1カ月以上たってようやくおさまった。以後、給料は漫画映画家組合との交渉を経て決めるという協定が結ばれ、社内のカフェは閉鎖され、社員はタイムレコーダーで出退勤の時刻を記録するよう求められた。

　ストライキが終わって間もなく、ディズニーはまたも危機に直面した。1941年12月8日、日本軍がハワイの真珠湾を奇襲し、太平洋戦争が始まった。するとその日のうちに、ディズニーのスタジオはアメリカ軍に接収され、700人の兵士が寝泊まりすることになった。近くの飛行機工場を日本軍の攻撃から守るためだ。ディズニーは兵士に宿泊所を提供しただけでなく、じきにアメリカ政府のために映画をつくるようになった。兵士の訓練に使う映画もあれば、一般市民に納税の大切さを教える短編映画などもあった。ディズニーは戦時協力のために、フィルムにして合計61キロメートル分の映画をつくった。しかし、政府から支給されたのは映画製作の実費だけだったため、1945年に終戦を迎えたとき、500万ドル近い負債を抱えていた。

【市場】
企業が商品を売ろうとする地域や消費者層。「北米市場」「世界市場」「若者市場」のように使う

【株式】
複数の人が株券を買うことで、会社を共同で所有する方法。株券そのものをさすこともある。会社は株式を売ることで、事業を展開するための資金を得ることができ、株の所有者には利益に応じて配当金が支払われる

【労働組合】
給料その他の待遇について、団結して雇用主と交渉にあたる、被雇用者の組織

【ピケライン】
ストライキなどの際、スト破りやスト妨害を防ぐために設ける、人垣などの監視線。ピケットライン

ディズニーは会社を存続させるため、作品の幅を広げることにした。ウォルトは当時をふりかえってこう言っている。「新しいことを始めたかった。そうすれば、アニメーション映画にすべてを賭けなくてすむからね」。1947年、ディズニーは『あざらしの島』という映画を製作した。27分間にわたって、アラスカにすむ本物のアザラシの生態が、面白おかしいナレーションと軽快な音楽をバックに映し出される作品だ。この映画はアカデミー賞の短編2巻賞に輝き、ディズニーはこうした自然ドキュメンタリー映画をもっとつくることにした。同時に実写映画の製作にも取り組み、1950年には『宝島』を完成させた。そして1953年には、ディズニー独自の映画配給会社、「ブエナ・ビスタ」を設立した。

　こうしてディズニー映画はバラエティに富んできたが、ウォルトにはもうひとつ、別の夢があった。それは、家族で楽しめる清潔で安全な遊園地をつくることだった。ロイが、わが社にはテーマパークのノウハウなどまるでないからと懸念を示し、その計画に会社の金をつぎこむわけにはいかないと言うと、ウォルトは自分の貯金をはたき、生命保険を担保にして借金をし、パームスプリングズの別荘を売り払い、何人もの社員から金を借りた。

ウォルト・ディズニー・プロダクションズは、第二次世界大戦中、政府広報映画を製作したり、軍隊の記章をデザインしたりした

そうしてかき集めた資金で、1952年、「ウォルト・ディズニー有限会社」（後に「WEDエンタプライズ」と改名）を設立した。この新しい会社の使命は、「ディズニーランド」という名前のテーマパークを設計し、建設することだった。「イマジニア（想像する人）」と呼ばれるWEDのスタッフがディズニーランドの計画に取り組みはじめると、ウォルトはテレビという新しいメディアに目を向け、その力を借りて夢のテーマパークを実現しようと考えた。

　1953年、ウォルトはテレビやラジオの放送局をいくつも抱えるABCネットワークと次のような契約を結んだ。ABCはWEDに50万ドルの資金を提供し、450万ドルまでの借り入れの保証をする。そのかわりに、ウォルトはABCネットワークのために毎週1時間の番組を製作するほか、ディズニーランドの所有権の3分の1をABCに与える。この契約によってウォルトは、テーマパーク建設の資金だけでなく、当時全米にあった400万台あまりのテレビの視聴者に自社を宣伝する機会を得たのだ。1954年10月、テーマパークと同じ「ディズニーランド」というタイトルのテレビ番組が、初めて放映された。司会はウォルト自身がつとめ、ディズニーのアニメーション映画や、『デイヴィー・クロケット』『怪傑ゾロ』といった実写版の連続ドラマを流すとともに、建設中のテーマパークの宣伝をした。

　ディズニーランドというテーマパークへの期待が世間で高まってくると、ロイもやはりこのプロジェクトに会社として投資しようと決めたので、計画は急速に進んだ。ディズニーランドの中心には『眠れる森の美女』の城をつくり、パーク全体を「ファンタジーランド」「アドベンチャーランド」「フロンティアランド」「トゥモローランド」の4つのエリアに分ける。パークに入ってまず足を踏み入れる、のどかで美しいメインストリートは、ウォルトとロイが少年時代を過ごしたミズーリ州マーセリーンの通りをモデルにする……。ディズニーランドは、それまでにない、まったく新しいタイプのテーマパークになろうとしていた。1954年8月、カリフォルニア州アナハイムで、ディズニーランド建設予定地の造成が始まった。しかし、開園予定日まで11カ月を切っていたため、はたして間に合うのだろうかと、多くの人が危ぶんだ。

【メディア】
テレビ、ラジオ、新聞、雑誌など、情報を大衆に伝える手段。媒体

「わたしたちは、新たな扉を開き、
新たなことに挑んで、前進しつづける。
なぜなら、好奇心でいっぱいだから……
好奇心があるからこそ、新たな道を進んでいける」

——ウォルト・ディズニーの言葉

高さ23.5メートルの『眠れる森の美女』の城は、ディズニーランドの中心をなす建物として設計された

## 絵に命を吹きこむ

　ウォルト・ディズニーの時代には、アニメーションという表現形式はまだ比較的新しいものだった。ウォルトは1920年に、「カンザスシティ・フィルム・アド」という会社で働きはじめた。そこでは地元の企業用にアニメーションの広告を製作していたが、当時の製作方法はこうだった。まず、紙を切ってつくった小さな人形を何体か、板にピンでとめ、ほんの一瞬で撮影する。それから、紙の人形をわずかに動かして、また撮影する。その繰り返しだった。だが、ウォルトもほかのアニメーターも、じきに、紙の人形よりも絵を撮影したほうが本物らしく見えることに気づいた。絵の人物が動いているように見せるには、アニメーターがまず、ひとコマの絵を描く。それから、人物の位置や姿勢を少しだけ変えて、もうひとコマ描く。そうしたコマをたくさん描いて、それぞれを撮影したあと、フィルムを映写機にかけると、絵が動いているように見える。現在のアニメーション映画の多くは、コンピュータの助けを借りてつくられているが、絵に命を吹きこむには、芸術性を追求したり細部に気を配ったりすることが重要である点に、変わりはない。

# ❸ ひと時代の終わり

　カリフォルニア州アナハイムに建設されたディズニーランドは、1955年7月17日にオープンしたが、その日は大混乱となった。来園者は「招待客に限る」はずだったのに、偽の招待状が出回ったため、推定で3万3000人の客が押し寄せたのだ。園内は人であふれ、レストランでは食べ物が足りなくなり、水飲み場の水も枯れた。

　さらにまずいことに、園内には未完成の部分がたくさん残っていた。セメントが固まりきっていなかったり、アトラクションの脇に木材が山積みになっていた。くわえて、アトラクションの乗り物が次々に故障した。それでも、全米にテレビ中継されていたこともあって、ディズニーランドという一大ショーを続けないわけにはいかなかった。後にウォルト・ディズニーは、この日のことを「ブラックサンデー」と呼んでいる。さんざんだったオープンのあと、新聞各紙は何日にもわたり手厳しい批評を載せた。ある記者はこう書いていた。「それはまるで、カチャカチャ、チリーンと鳴りつづける巨大なキャッシュレジスターのようだった。憧れの存在だったディズニーの魅力的なキャラクターたちが落ちぶ

ディズニーランドは1955年にオープンした。園内は5つのエリアに分かれていて、そのひとつがジャングルをテーマにしたアドベンチャーランドだった

れて、まるで街角の物売りのように、自分たちの魅力を強引に売りこみ、かえって幻滅を招いていた」

　しかし、ディズニーランドはじきに軌道に乗り、成功して、1955年の終わりまでに来園者は100万人を超えた。もっとも、いつもながらウォルトは決して満足せず、このテーマパークに絶えず人々をひきつけるには「プラスしていく」しかない、と主張した。これはウォルト特有の表現で、常に改良や変更を加えていく、ということだ。「ディズニーランドは決して完成しない」とウォルトは言った。そして、オープンからわずか4年後に大幅な拡張を行い、「サブマリン・ヴォヤッジ」「マッターホルン・ボブスレー」「ディズニーランド・モノレール」といった乗り物を追加した。新たなアトラクションを追加すれば客に繰り返し来てもらえる、というウォルトのもくろみは的中し、1965年までの10年間にディズニーランドを訪れた人の数は、のべ3000万人に達した。

　ディズニーランドの成功と並んで、テレビや映画の世界でも、ディズニーは新たなヒットを飛ばしていた。1955年には、『ザ・ミッキーマウス・クラブ』というテレビ番組が始まった。「マウスケティア」と呼ばれる10代の子どもたちがミッキーマウスの耳をつけて歌ったり踊ったりするほか、ディズニーのアニメーション映画などさまざまなコーナーがあって、番組は大人気を博した。毎日、夕方の放送時間になると、全米の75％の家庭がテレビのチャンネルをこの番組に合わせた。ウォルトは、週に1度放送される『ディズニーランド』の司会も続けていた。こちらは番組名を変えながら29年間続き、ゴールデンタイムの番組としては、アメリカのテレビ史上最も長寿の番組となった。

　映画に関していえば、ディズニーは1950年代、アニメーションよりも実写映画に力を入れていた。主な理由は、実写映画のほうが製作費を低くおさえられ、しかも総じて興行収入は多く見込めたからだ。『機関車大追跡』『ボクはむく犬』『幌馬車隊西へ！』といった作品がヒットしたが、それらをはるかにしのぐ成功をおさめたのが『メリー・ポピンズ』だった。1964年に公開されたこの作品は、4400万ドルの興行収入をもたらし、アカデミー賞の13部門にノミネートされた。

　実写映画と並行して、ディズニーはアニメーション映画の製作も続けていたが、1960年代になると、その製作ペースは4年に1本になっていた。1959年には『眠れる森の美女』

ディズニー

を、同社のアニメーション映画製作費としては最高の 600 万ドルを投じて完成させた。この作品は芸術性の高さゆえに、今ではアニメーション映画史上の傑作のひとつとされているが、公開時には製作費を回収できず、赤字となった。

　1960 年代に入る頃には、ウォルトは映画製作に対する意欲を失いかけていたので、1964 年のニューヨーク万国博覧会に大規模なアトラクションを出品するというチャンスに飛びついた。ディズニーが出品したのは、世界中の人々を模した人形が歌うなかを乗り物で進んでいく「イッツ・ア・スモール・ワールド」をはじめ、「カルーセル・オブ・プログレ

ディック・ヴァン・ダイク、ジュリー・アンドリュース主演の『メリー・ポピンズ』は、ミュージカル映画の最高峰のひとつとされている

ス」「マジック・スカイウェイ」「グレイト・モーメンツ・ウィズ・ミスター・リンカーン」の4つで、そのすべてにオーディオアニマトロニクスという技術が実験的に使われていた。人や動物をかたどったロボットのようなものを、大小の歯車や滑車などによって動かす技術だ。4つのアトラクションのうち、マジック・スカイウェイ以外の3つは、博覧会終了後、ディズニーランド内に設置された。オーディオアニマトロニクスで動くリンカーン元大統領の人形は、48種類の動作をし、15種類の表情を浮かべることができた。

　万国博覧会のあと、ウォルトはフロリダ州中部でのプロジェクトに力を注いだ。そこに111平方キロメートルの広大な土地を購入してあって、ふたつの新たなテーマパークをつくろうと計画していたのだ。ひとつは、カリフォルニアのディズニーランドと類似した「ディズニー・ワールド」、そしてもうひとつは、ウォルトの思い描く未来都市を形にした「エプコット」だった。ところが、1966年12月、これらのテーマパークの計画がまさに動き出したときに、ウォルトは肺癌で世を去ってしまった。世界中の人々が、ミッキーマウスを生み出した人物の死を悲しんだ。CBSイブニング・ニュースの解説者、エリック・セヴァライドは、こう述べた。「彼は独創的な人でした。アメリカ人という枠を超えて、まさに独創的な人間そのものでした……ウォルト・ディズニーのような人は二度と現れないだろうという声が、多く聞かれます」

　ウォルトの死後まもなく、ディズニー・ワールドの建設が中止になるのでは？と人々は心配しはじめた。しかし、そんな懸念を吹き飛ばすかのように、1967年、ロイ・ディズニーの指揮のもと、テーマパークの建設が始まった。ロイは、ウォルト亡きあと、会社の最高経営責任者（CEO）の地位を引き継いでいた。1971年、ついに新しいテーマパークがオープンした。その名は、ロイの意向で「ウォルト・ディズニー・ワールド」と改められていた。ロイは、「このテーマパークがウォルトの夢であったことを、これからもずっと知ってもらえるように、弟のファーストネームを入れたい」と主張したのだ。

　ウォルト・ディズニー・ワールドがオープンしたわずか2カ月後の、1971年12月に、ロイ・ディズニーもその生涯をとじた。ウォルト・ディズニー・プロダクションズは初めて、舵取り役のディズニー家の者がいない状態で進んでいかねばならなくなった。

「ディズニーランドでは、月旅行もできた。未来を訪れることもできた！
ディズニーランドはすばらしかった。
なぜなら、いまだかつてなかったものだから。
ほかのどこでも味わえない経験をさせてもらった」

——SF作家、グレゴリー・ベンフォードの言葉

1971年にオープンした（けれど、まだ完成していない）ウォルト・ディズニー・ワールド。
建設費は4億ドル。初日には1万人が訪れた

## セレブレーションという名の町

　ディズニーは、未来都市を創造するというウォルトの夢を完全には実現できなかったが、エプコット(EPCOT*)というテーマパークを建設することで一歩踏み出した。1996年にはもう一歩進んで、セレブレーションという名の町をつくった。セレブレーションは、フロリダ州のウォルト・ディズニー・ワールドに隣接する未開発の土地につくられた本物の町で、約7000人の一般市民がコミュニティ意識を育みながら暮らせるように設計されている。また、たいていの郊外の町と違って、セレブレーションの家々はどれも同じようには見えない。それどころか、どの家も近隣の家とそっくりであってはならないという決まりになっている。そして、どの家も、隣人と交流を深めるため、外から自由に出入りできるポーチを正面に設けるよう定められている。また、ほとんどの家が、町の中心まで徒歩で行ける位置にある。セレブレーションは住民の健康維持と教育に力を入れていて、公立および私立の革新的な学校がいくつかある。

＊「Experimental Prototype Community of Tomorrow(未来社会の試作品)」の頭文字からとった名称

# 4 困難な時代

　ロイ・ディズニー亡きあと、副社長のカード・ウォーカーが社長の座を引き継ぎ、1976年には最高経営責任者(CEO)にも任命された。ウォーカーは1938年にディズニーに入社し、初めは使い走りとして働いていたが、じきに撮影部門で活躍するようになり、1950年代に宣伝・営業担当副社長に就任していた。ウォーカーは、ファミリー向けのエンターテインメントを提供するというディズニーの昔からの路線を引き継ぎ、事あるごとに「ウォルトならどうしただろう？」と自問した。

　ウォーカーとしては、新たなプロジェクトに着手する前に必ずそう問いかけることで、ディズニー兄弟が思い描いた理想の会社像を維持していけると考えていたのだが、ときにはそれが創造性を妨げてもいたようだ。ロイ・ディズニーの息子でプロデューサーをつとめていたロイ・E・ディズニーは、ウォーカーの考えを正そうとしてこう言った。「ウォルトのすばらしさは、毎回違うことをやったところです。見習うべきは、その創造性です。創造性は、ドラッグストアで手軽に買えるようなものじゃないんです」

　しかし、かつてディズニーを映画界の伝説たらしめた創造性は、失われてしまったようだった。次々と映画を製作したものの、あまり印象に残らないものばかりだった。たとえば、心を持ったフォルクスワーゲン・ビートルが出てくる1969年の実写映画、『ラブ・バッグ』は大ヒットしたが、その続編として製作された4編の映画はどれも振るわなかった。

『ラブ・バッグ』は1969年に公開された映画のなかで最高の興行収益をあげたが、その後いくつもつくられた続編はいずれも振るわなかった

アニメーション映画も同様で、1977年の『ピートとドラゴン』は興行成績が悪かった。

ロイ・E・ディズニーは、会社の創造性が失われつつあることに失望して、1977年に辞表を提出した。その際、彼は言った。「ディズニーは長年、創造性に満ちた社風で知られ、そのことを誇りとしてきたが、近年は、新しいものをまるでつくり出していないように、わたしの目には見える。ここは、わたしにとっても、おそらくほかのみんなにとっても、創造力を最大限に活かせる場所とは思えない」。その2年後には、ディズニーのアニメーターが15人以上もやめた。かつてはディズニー・アニメの代名詞だった品質の高さに関して、会社はもはや無頓着になってしまった、と訴えてのことだった。

不振なのは映画製作だけではなかった。ふたつのテーマパーク、ディズニーランドとウォルト・ディズニー・ワールドも停滞気味だった。資金不足のせいで、アトラクションを絶えず改良・変更するという、ウォルトの掲げた目標を達成できず、どちらも来場者数が減ってきていたのだ。その一方で、会社はウォルト・ディズニー・ワールドの近くにエプコットを建設しはじめた。だが、計画し直されたエプコットは、人々が暮らし、働き、革新的な製品を使うという、ウォルトが思い描いた未来都市のイメージとは違って、常設の万国博覧会のようなものになった。園内は、「ワールド・ショーケース」と「フューチャー・ワールド」のふたつのエリアに分かれていた。ワールド・ショーケースには、世界中の国々の文化や料理を紹介するパビリオンが並び、フューチャー・ワールドには未来の製品や道具が展示された。1982年10月にオープンしたエプコットの建設費は、最終的に12億ドルにのぼり、当初の見積もりを大きく上回った。

ディズニーは、フロリダ州にエプコットを建設していたのと同時期に、初の試みとして海外でのテーマパーク建設にも取り組んでいた。日本の企業から要請を受けて、見た目も雰囲気もカリフォルニアのディズニーランドとほぼそっくりの「東京ディズニーランド」を設計したのだ。東京ディズニーランドは1983年4月にオープンし、たちまち大成功をおさめたが、ディズニーに入ってくるのは利益の一定の割合にすぎなかった。というのも、ディズニー側が直接運営することを辞退して、東京ディズニーランドを所有する日本企業の顧問的な役割のみを果たす、という契約を結んでいたからだ。

東京ディズニーランドがオープンする少し前に、カード・ウォーカーはCEOを引退し、

未来の乗り物を想起させるモノレール。面積が105ヘクタールもある、広大なエプコット内の移動手段として建設された

　ウォルト・ディズニーの娘婿のロン・ミラーにその座を譲った。ミラーは1950年代に助監督としてディズニーに入社し、60年代には役員会のメンバーとなり、1980年に社長に就任していた。ミラーは利益の低下という問題に直面し、急いで映画部門の再建に取りかかった。まず、調査の結果、ティーンエイジャーはディズニー映画に興味がないとわかった。シカゴのある少年などは、ディズニー映画を上映している映画館に入るところを「見られたくない」と言っていた。そこでミラーは、ディズニーという名前の入っていない新たな映画会社を設立して、ティーンエイジャーや大人向けの映画を製作・配給することが必要だと判断した。そして、1984年に「タッチストーン・ピクチャーズ」を立ち上げ、第1作目の映画『スプラッシュ』を公開した。ニューヨークに住みついた人魚と青年の恋を描いたこの実写映画は、6900万ドルという、ディズニー映画史上最高の売上を記録した。

　しかし、『スプラッシュ』が成功しても、ディズニーの財政不安は続いた。会社の株価が下落していて、いつ買収されてもおかしくない状況だったのだ。外部の投資家が株を買い占め、会社の経営権を握る可能性もあった。1984年3月には、ソール・スタインバーグという投資家が、ディズニー買収をもくろんで株を買い占めにかかった。買収したら、資産を切り売りしてもうけを増やすつもりのようだった。ディズニーは買収を阻止するため、スタインバーグから株を高値で買いもどした。その際に支払った金額は3億2550万ドル

で、スタインバーグが株を購入した総額より 3170 万ドルも多かった。

　その後、ディズニーの株はさらに下落し、ほかの投資家たちも買収の機会をうかがうようになった。ほどなく、ディズニーの**取締役会**（ロイ・E・ディズニーも復帰していた）は、買収の脅威から脱するには経営者の交代が必要だと判断し、1984 年 9 月、ロン・ミラーに辞任を求めた。後任の CEO には、世界最大のエンターテインメント企業のひとつ、パラマウント映画の社長であったマイケル・アイズナーを雇い入れた。アイズナーが、『スター・トレック』『グリース』『レイダーズ／失われた聖櫃（アーク）』などのヒット作に注いだ創造性を発揮して、ディズニーの事業を活性化することを期待したのだ。

【買収】
ある企業が別の企業を買い取ること

【投資家】
主に利益を得る目的で会社に資金を提供する人。会社が順調に利益をあげれば、投資家の資産も増える

【資産】
個人または組織が所有する金銭、土地、建物などをまとめていう言葉

【取締役会】
株式会社で、経営上の重要な意思決定を行う機関。メンバーは、株主総会で選ばれた取締役全員

『スプラッシュ』は、大人の観客を意識してつくられた初めてのディズニー映画で、俳優のトム・ハンクスをスターの座に押し上げた

「ディズニーでわたしたちがしていることは、ある意味とても単純で……何よりも、物語をつくっているのです。人々の心をとらえ、楽しませ、何かを伝えたいと願いながら」

——ディズニーの元 CEO、マイケル・アイスナーの言葉

### ミッキーの変貌

ミッキーマウスは、1920年代の終わりに「誕生した」とき、単純な姿をしていた。顔も体も耳も円に近く、足は黒くて四角い箱のような形だった。だが、それからどんどん変わっていった。アニメーターたちはまず、ミッキーに明るい色の靴を履かせた。つづいて、トレードマークとなる白い手袋を与えた。1930年代の終わりまでには、体が西洋ナシのような形になり、目が黒目と白目にわかれて表情が豊かになった。ミッキーの見た目は変わっていったが、性格はほぼ変わらず、「生みの親」のウォルト・ディズニーによく似ていた。ミッキーマウスの初期のアニメーターとして伝説的な存在となっているフレッド・ムーア（1911-1952年）によれば、「ミッキーは、どこにでもいる少年のようだ。年齢はとくに決まっていない。小さな町に住み、清く礼儀正しく生きていて、楽しいことが大好きで、女の子の前でははにかみ屋。それぞれのストーリーにちょうどいいくらい、知恵が回るんだ」

# 5 成長と改革

マイケル・アイズナーはエネルギッシュに、かつスピーディに、ディズニーの新たなリーダーという仕事に取り組んだ。ほどなく映画製作部門は、『ビバリーヒルズ・バム』『プリティ・ウーマン』『ミクロキッズ』など、実写映画のヒット作品を再び生み出すようになった。アニメーション映画部門でも、アイズナーに指名されたロイ・E・ディズニーが責任者となり、1980年代の終わりから1990年代の前半にかけて、『リトル・マーメイド』『美女と野獣』『アラジン』『ライオン・キング』と、ヒットを飛ばしつづけた。ディズニー映画がついに息を吹き返したようだった。

ディズニー作品は、映画館で人気を取りもどしただけでなく、テレビを通じて各家庭にも再び浸透していった。アイズナーがABCネットワークと結んだ契約によって、毎週日曜日の夜にディズニー映画が放映されるようになったのだ。また、いつでも好きなときにディズニー映画を観たいという人たちのために、ディズニーはアニメ映画の名作をビデオ

マイケル・アイズナーはいわゆる「ディズニー・ルネッサンス」の采配を振るい、1990年代にすばらしいアニメーション映画を続々と世に送り出した

で販売しはじめた。1990年代の初めには、最新のアニメーション作品をミュージカルとして舞台でも上演した。とくに『美女と野獣』は大絶賛され、チケットが完売した。

　映画・テレビ・舞台に力を注いではいたが、テーマパークの運営もおろそかにしてはいなかった。1989年5月には、フロリダのウォルト・ディズニー・ワールドの近くに「ディズニー・MGM・スタジオ（後に「ディズニー・ハリウッド・スタジオ」と改名）」をオープンした。この新たなテーマパークには、実際にアニメーション映画の製作が行われているスタジオや、映画の歴史をテーマにしたアトラクションがあり、スタントショーも行われた。カリフォルニアのディズニーランドにも新たなアトラクションが加わり、フロリダのウォルト・ディズニー・ワールド・リゾートにはディズニーのキャラクターをモチーフにしたホテルがいくつもできた。

　ディズニーはまた、海外での事業も展開しつづけた。1992年4月には、フランスのパリ近郊に「ユーロ・ディズニーランド（後に「ディズニーランド・パリ」と改名）」がオープンし、開園初日には2万人以上の人が訪れた。ところが、はなばなしいオープンからいくらもたたないうちに、ユーロ・ディズニーランドは問題を抱え、来場者数も減ってしまったため、ディズニーはやむなく入場料を引き下げた。

　ディズニーランド・パリの経営難に頭を痛めていたディズニーだったが、1995年にはABCネットワークを190億ドルで買収した。これによって、ABCニュース、ABCスポーツなどのほか、スポーツ番組専用の大手ケーブルテレビ局であるESPNまでがディズニーの傘下に入った。この買収は広く賞賛されたが、ディズニーはじきに苦境に立たされる。ABCネットワークの視聴率が低下していたのだ。

　しかし、ディズニーが直面した困難はそれだけではなかった。2001年9月11日、テロリストがニューヨークのワールドトレードセンターと米国国防総省（ペンタゴン）を攻撃した。この同時多発テロ以降、アメリカの観光収入は急速に落ち込み、ディズニーのテーマパークの来場者も激減してしまった。その後まもなく、ディズニーはケーブルテレビ局のフォックス・ファミリー（ディズニーが「ABCファミリー」と改名）を52億ドルで買収したが、この金額は高すぎると批判する人々もいた。フォックス・ファミリーの番組でディズニーが引き続き放送する価値のあるものといえば、チアリーディングの競技会、未解決事件の謎を

ディズニー・ハリウッド・スタジオの乗り物やショーやアトラクションは、すべて映画とアニメーションをテーマにしている

ディズニー

証言と再現ドラマで追う番組、ABC製作の人気ドラマ『アコーディング・トゥ・ジム』の再放送くらいしかなかったからだ。

　その頃、ディズニーの社内では、最高経営責任者（CEO）であるアイズナーの管理手腕に対して不満の声が高まっていた。アイズナーが部下にあまり権限を与えず、部下の判断に疑問を差しはさみ、互いを見張らせるようなことまでさせていたのが原因だった。そのため、かつてアイズナーをCEOの最有力候補として推したロイ・E・ディズニーも、2003年にはアイズナーの辞任を求めるに至った。そして、次の株主総会でアイズナーにCEO信

【株主総会】
株主によって構成され、株式会社の意思を決定する最高機関

任票を投じないよう、株主たちを説得するという作戦に出た。この作戦の効果で、2004年3月の株主総会では、株主の45％近くがアイズナーへの信任投票を見合わせた。その結果、アイズナーは2005年10月に辞職した。自ら指揮をとった香港ディズニーランドのオープンから、わずか数週間後のことだった。

そのあと、CEOの座についたのは、アイズナーの下で社長兼最高執行責任者（COO）をつとめていたロバート・アイガーだった。アイガーは就任から数カ月後に、ピクサー・アニメーション・スタジオを買収したと発表した。ピクサーはコンピュータグラフィックス（CG）を用いたアニメーションを得意としており、ディズニーと共同で『トイ・ストーリー』『モンスターズ・インク』といった大ヒット映画を製作していた。

アイガーは最新のテクノロジーを活用することにも積極的だった。自社で製作した映画やテレビ番組を初めてiPod（アイポッド）にダウンロードできるようにしたのは、ディズニーだった。アイガーはこう述べている。「わたしたちは、いわばメディアの爆発を目撃しています。ディズニーはその爆発の恩恵を受けると同時に、テクノロジーを利用しやすくすることによって、人とテクノロジーをつなげる役割を果たしているのです」

ディズニーは、新たなテクノロジー分野に進出しつづけるだけでなく、海外、とくに中国に進出しようとしている。2016年には、上海に新たなテーマパークをオープンした。一方、パリと香港と東京のディズニーランドには、来場者が映画『リロ・アンド・スティッチ』のスティッチと会話を楽しむ参加型のアトラクションを追加した。アメリカ国内では2008年に、「トイ・ストーリー・ミッドウェイ・マニア！」というアトラクションを、ディズニー・ハリウッド・スタジオとディズニーズ・カリフォルニア・アドベンチャー・パーク（ディズニーランド・リゾートの一部）の両方に追加しており、2012年には同様のアトラクションが東京ディズニーランドにもお目見えした。

---

【株主】
株式会社の株式の所有者。会社に対して、株式の数に応じた権利・義務をもつ

【信任投票】
選出された代表や役員の信任・不信任を問う投票

【iPod】
アップル社が2001年から製造・販売している携帯型メディアプレーヤー。デジタル音楽や動画などを保存・再生できる

ディズニーは、テーマパークのアトラクションを拡充するとともに、『アナと雪の女王』『トイ・ストーリー3』といったコンピュータ・アニメーション映画の大ヒット作を放ちつづけている。会社名のもととなった創業者、ウォルト・ディズニーの、成長と冒険を重んじる精神を引き継ごうとしているのだ。また、世界で最も有名なシンボルのひとつとなった、丸い耳をもつあのキャラクターに常に忠実であろうと努め、ウォルトの望みをかなえている。その望みとは、彼の築いた会社が「あるひとつのこと、すなわち、すべては1匹のネズミから始まった！ ということを、決して忘れない」ということだ。

「10歳のぼくにも、ディズニーのアニメは
ほかのどんなアニメとも違うということがわかった。
技術的な知識はなかったけど、
自分の目で見て、たしかにそう感じたんだ」

——ウォルト・ディズニー・カンパニーのイラストレーター、
ドン・ウィリアムズの言葉

『トイ・ストーリー』は傑作として広く賞賛され、3Dコンピュータ・アニメという新時代の到来を告げた

カリフォルニア州ロサンゼルス市のウォルト・ディズニー・コンサートホール

## 映画と音楽と商品と

　ディズニーは映画製作スタジオとしてスタートしたが、今やエンターテインメント業界のあらゆる分野に進出している。会社があまりに大きくなったので、現在は5つの部門に分かれている。まず、「ウォルト・ディズニー・スタジオ」は映画製作を中心に行い、「ハリウッド・レコード」「ウォルト・ディズニー・レコード」などのレコード・レーベルも扱っている。2番目は「ウォルト・ディズニー・パークス・アンド・リゾーツ」で、複数のテーマパークを管理しているほか、ファミリー向けクルーズ船の運航も行っている。3番目の「ディズニー・コンシューマ・プロダクツ」は、ディズニーのキャラクター商品を販売する「ディズニーストア」をとりまとめている。また、系列の出版社も運営している。同社は、児童書および児童向け雑誌の出版社としては世界最大だ。4番目の「ディズニー・メディア・ネットワークス」には、複数のテレビ・ネットワークとケーブルテレビ局が含まれる。5番目の「ディズニー・インタラクティブ」は、ディズニーのウェブサイトとインタラクティブメディアを管理している。

〈2008年以降の主な動き・トピックス〉
- 2009年　ドリームワークスとの提携を発表
- 2011年　ウォルト・ディズニー生誕110周年を迎える
- 2012年　ルーカスフィルムを40億5000万ドルで買収
- 2013年　東京ディズニーリゾートが30周年を迎える
- 2016年　上海ディズニーリゾートがオープン

## 第2章
# ナイキ

プロバスケットボール選手のレブロン・ジェームズがコートを疾走し、ひらりとゴールリングの縁まで舞い上がってスラムダンクを決める。1メートルを超すジャンプを助けたシューズは、彼の名を冠したナイキのシグネチャーモデルだ。プロテニス選手のセリーナ・ウィリアムズは、鮮やかな色のナイキのウェア姿で、ボールを頭上にトスし、高速サーブを相手コートに打ち込む。プロゴルファーのタイガー・ウッズは、ナイキの小さなロゴが入った球を見下ろして立ち、ナイキのアイアンクラブを完璧にスイングして球を200ヤード飛ばし、カップすれすれに落とす。どんなスポーツの場でも、だれもが知る「スウッシュ」のロゴが入ったナイキ製品が使われている。今や、ナイキはスポーツアパレル業界で並ぶ者のない巨大企業だが、50年あまり前に会社がスタートしたとき、そこにいたのはたったひとりの、夢を抱いた若きランナーだった。

# 1 ブルーリボンスポーツの誕生

　1960年代の初め、スタンフォード大学経営学専攻の大学院生だったフィル・ナイトは、「自分ならどんな会社をつくるか」というテーマで学期末レポートを書くことになった。オレゴン州出身のナイトは、高校、大学と陸上競技の選手だったので、興味のおもむくまま、「陸上競技用シューズをデザイン・販売する方法」について書こうと決めた。

　ナイトは、競技用シューズ産業について調べるうち、ある野心を抱くようになった。実際にビジネスを始められそうな気がしてきたのだ。日本製の安い運動靴を仕入れて、アメリカで売ったらどうだろう？　ナイトは後にこう述べている。「レポートを書き終えたときには、もう心を決めていたよ。生涯をかけてやりたいことは、陸上競技用シューズの販売代理店を経営して、アメリカで1番になることだと」

　その当時、アメリカのシューズメーカーはスニーカーをたくさんつくって売っていた。みんなが休日などに履く、布製でゴム底の安くて履き心地のいい靴だ。一方、ドイツの

フィル・ナイトは24歳のとき、ナイキの前身である運動靴の会社を創業した

シューズメーカー、とくにアディダスは、最高の競技用シューズメーカーとして知られていた。陸上競技に打ちこんでいるアスリートはたいてい、アディダスのシューズを履いていたが、もっと安い競技用シューズを売り出せばドイツのメーカーに対抗できると、ナイトは考えたのだ。

1962年の感謝祭の日に、ナイトは日本行きの飛行機に乗った。そして、東京のスポーツ用品店を訪れ、「タイガー」というブランドのランニングシューズを見つけた。製造元は神戸の「オニツカ」という会社だった。ナイトは列車で神戸まで行き、オニツカの本社で重役たちに会うと、自分はアメリカから来た靴の輸入業者だと名乗った。「会社名は？」と聞かれたが、まだ会社をつくってもいなかったので、とっさに頭に浮かんだ名前を言った。「ブルーリボンスポーツ」です、と。

ナイトはとりあえず、タイガー・ブランドの白と青の革製のシューズを5足、注文したが、それらがアメリカに到着するまで1年以上もかかった。ナイトは、オレゴン大学時代の陸上競技のコーチ、ビル・バウワーマンに協力を求め、ふたりで500ドルずつ出しあって、オニツカ製のシューズをさらにたくさん輸入した。バウワーマンはそのシューズを大学の陸上競技選手に売りこむことを引き受け、その他の仕事はすべてナイトがやることになった。それから1年もたたないうちに、ナイトは1300足のランニングシューズを販売した。車のトランクにシューズを詰めて地域の陸上競技会に出かけては、選手に売ったのだ。同時に、商売が軌道に乗るまでは、会計士としても働いた。

1965年、ナイトはある陸上競技会で、かつてのライバル、ジェフ・ジョンソンに会った。そしてジョンソンに、タイガー・ブランドのシューズを売ってみないかと持ちかけた。給料は歩合制だが、前払い金を400ドル払う、という条件で。ジョンソンはことさら興味を持ったわけではなかったが、収入はほしかったので、時間のあるときに売ればいいのならやってみると答えた。はたして、翌1966年、ジョンソンはシューズをとてもたくさん売ったので、ナイトは彼を初の正社員として雇った。やがてジョンソンは、シューズを売

【アパレル】
衣服、衣装のこと。衣服産業、既製服を扱う業種の総称として使われる

【歩合制】
売上高に応じてその何％かを賃金として支払う制度

りこむため、「タイガー」というブランド名を正面にプリントしたTシャツを、競技会で活躍した選手などに無料で配り出した。これがきっかけで、ブルーリボンスポーツは、はからずもアパレル産業に進出することになった。販売促進用のTシャツが大人気だったので、Tシャツも販売することに決めて、カリフォルニア州サンタモニカのピコ大通りに初の小売店をオープンしたのだ。

　ナイトが経営を、ジョンソンが営業を担当する一方で、ビル・バウワーマンはブルーリボンスポーツという若い会社に多くの刺激を与えた。バウワーマンは最高の陸上コーチとして全米に名を知られており、彼がオレゴン大学で実施しているランニング・プログラムは有名だった。1967年には『ジョギング——あらゆる年代の人に有効な健康促進法』と題した共著書を刊行したが、これがミリオンセラーとなり、さらに有名になった。この本の

ナイキの共同創業者、ビル・バウワーマン(写真右)は、オレゴン大学の陸上競技部のコーチを24年間つとめた

なかで、バウワーマンは次のように述べていた。ジョギングには、心肺機能の強化、脂肪の燃焼、持久力アップといったさまざまな効能がある。しかも、必要な道具はたったひとつ、履き心地のよいシューズだけだ、と。バウワーマンはコーチとして、選手たちを厳しく鍛えた。「だれも２位の選手のことなど覚えていない」というのが口癖で、１番になることを求めた。やがて、バウワーマンはシューズのデザインに取り組みはじめた。タイガー・ブランドのシューズを、市場に出回っているどんなシューズよりも軽く、機能性の高いものにしたかったのだ。

1968年、バウワーマンは、「かかとからつま先まで」をカバーする大きめのクッション材の使用など、それまでのランニングシューズのすぐれた特徴をすべて盛りこんだシューズをデザインした。オニツカの重役たちもそのシューズを気に入り、製品化して、その年の夏にメキシコシティで行われるオリンピックに合わせて量産した。ブルーリボンスポーツではそのシューズを「コルテッツ」と名づけた。コルテッツは、バウワーマンとナイトが共同で売り出したベストセラー・シューズのひとつとなる。

バウワーマンが次にオニツカに提案したのは、ナイロン製のランニングシューズだった。オニツカはさらにひと工夫して、２枚のナイロンシートのあいだに薄いスポンジをはさんだ素材を使い、ゴム底のマラソンシューズをつくった。「タイガー・マラソン」と名づけられたそのシューズは、どんな革やキャンバス地のシューズよりも軽く、運動靴の市場を決定的に変えた。

ブルーリボンスポーツは、タイガー・マラソンの独占販売契約をオニツカと結び、1969年には40万ドルの収益をあげた。その１年後、収益は100万ドルに達したが、会社は数々の困難にも直面した。売上は順調だったが、営業経費が跳ね上がっていた。くわえて、オニツカは大口の注文を期日どおりに出荷できないことがあり、商品の到着が遅れて、アメリカで待っている顧客はいらだちを募らせた。ほどなく、ナイトとバウワーマンはこうした問題をふまえて、独自のブランドをつくろうと決めた。

【独占販売契約】
二者のあいだで、ある市場において互いとだけ取引することを定めた契約

「肉体さえあれば、だれでもアスリートになれる」

――ナイキの共同創業者、ビル・バウワーマンの言葉

1968年のメキシコ・オリンピックは、ナイキが自社製シューズの
デザインを世に問う、初の大きなチャンスだった

## ナイキの「縁の下の力持ち」

　フィル・ナイトことフィリップ・ハンプソン・ナイトは、オレゴン州ポートランドの郊外で育った。子ども時代、友達からは「バック（雄ジカ、または元気な子、の意）」という愛称で呼ばれ、運動が得意だったが、フットボールやバスケットボールで活躍できるほどには体格がよくなかったし、背も高くなかった。そこで10代の頃、走ることを選んだ。オレゴン大学に入学すると陸上競技部に入ったが、そのときコーチをつとめていたのが熱心なジョギング愛好家のビル・バウワーマンだった。バウワーマンは後に、ナイトがブルーリボンスポーツという会社を始めるにあたって、力を貸すことになる。もっとも、当時のナイトは、数十億ドルの収益をあげる大会社のトップになるような、リーダーシップに秀でた人物には見えなかったようだ。もの静かで、人前で話すのが大の苦手だった（「今でも、ふたり以上の人の前に出るとすごく緊張するんだ」と本人が2005年に述べている）。しかし、彼には、自分のまわりに有能な人材を引き寄せる、持って生まれた才能があった。ナイトは2016年6月まで会長をつとめ、引退した。約241億ドルの純資産を有し、アメリカで最も裕福な人物のひとりとなっている。

# 2 ナイキ・ブランドの確立

　1971年、ブルーリボンスポーツの共同創業者であるナイトとバウワーマンは、新製品のシューズをデザインしたものの、それを量産するための現金がなかった。そこで、必要な資金を調達するため、会社の株の一部を売ることにした。その結果、その年の秋には、投資家たちがブルーリボンスポーツの株の35%を保有することになった。

　資金が増えて勢いを得たナイトとバウワーマンは、じきに「Nike（ナイキ）」という新たなブランドのシューズを生産し、発売した。「ナイキ」は、社員第1号のジェフ・ジョンソンが夢のなかで思いついた名前で、ギリシア神話の勝利の女神、ニケにちなんでいる。ナイトは初め、「ディメンション6」という名前にしようと思っていたが、ジョンソンの案を採用した。

　1971年6月、ブルーリボンスポーツは、ブランド名の「Nike」とユニークな「スウッシュ」のロゴが入った初のシューズを発売した。ところが、あいにく大きな欠陥が見つかった。そのシューズは気候の温暖なメキシコの工場で生産したのだが、アメリカ北部のように寒冷な地域でも問題なく使えるか、テストを行っていなかった。はたして、寒さで靴底が割れてしまい、値下げして売りさばくしかなくなった。生産ずみの1万足のほとんどを、たった7ドル95セントで売るはめになったのだ。

　その年の10月、ナイトは日本へ飛んだ。あらかじめ、日本の総合商社である日商岩井*

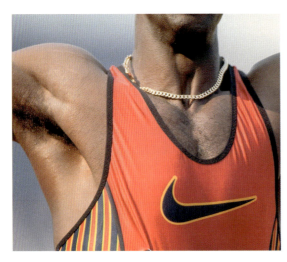

ナイキの独特のロゴ、「スウッシュ」は1971年に採用され、今では世界的に有名だ

から新たに与信枠を設けてもらっていたので、人気のタイガー・コルテッツを6000足、オニツカに発注した。ただし、6000足すべてに「Nike」というブランド名と「スウッシュ」のロゴを入れるよう要請した。このときの出張で、ナイトは日本の複数のメーカーから、バスケットボールシューズ、レスリングシューズ、カジュアルシューズなども買いつけた。

1970年代の前半には、事業が拡大し、社員も増えた。ナイトが社員に求めたのは、創造的な思考と、既成概念にとらわれない姿勢だった。社員がスポーツについて語るのを聞くのが、ナイトの楽しみだった。会議の席で社員どうしが大声で議論を戦わすのもよくあることで、むしろ奨励されていた。当時、ナイキの本社に立ち寄ったある人物は、「まるで高校生の議論みたいだったよ。話題が金のことでなければね」と感想を述べた。

1972年には、全米男子陸上オリンピック選考会が、オレゴン州のユージーンで開催され、全米から集まったアスリートが同年のミュンヘン・オリンピック出場をかけて競いあった。この大会は、ナイキにとってふたつの点で重要だった。ひとつは、スティーブ・プリフォンテーンという、強靭な心身を持つオレゴン大学の選手が中長距離種目で大活躍して、一躍スターになったことだ。ほどなく、彼はナイキの「顔」のひとりとなる。もうひとつは、ブルーリボンスポーツ社製のシューズを履いている選手が大勢いて、同社に注目が集まったことだ。とくに、ナイキ・ブランドのシューズは、創業当初に売り出したタイガー・ブランドのシューズほど安くはなかったが、アスリートたちは上質なデザインとつくりを評価していた。

その年、バウワーマンはシューズのデザインに関して、ふと名案を思いついた。そして、妻が愛用しているワッフル焼き器に、液状のゴムの原料であるラテックスを流しこんでみた。すると、ワッフル焼き器はだめになってしまったが、ラテックスが格子模様にしっかり固まった。これを靴底(ソール)に使えば、靴全体の重量を減らせると同時に滑りにくくなり、ランナーもアメリカンフットボール選手も助かるにちがいない。バウワーマンがこの「試作

【与信枠】
決まった限度額のなかから必要に応じて融資を受けること

＊日商岩井は、2004年に総合商社のニチメンと合併し、双日(そうじつ)株式会社となった

品」をナイトに見せると、彼もアイデアを気に入った。こうして「ワッフルソール」が誕生した。ワッフルソールを使用したシューズの「ワッフルトレーナー」は、2年後の1974年に発売されることになる。

　1972年に、ブルーリボンスポーツはランニングシューズを25万足、バスケットボールシューズを5万足販売した。ビジネスは順調だったが、一方で問題も抱えていた。ブルーリボンスポーツがオニツカ以外の日本メーカーのシューズもアメリカで販売していることを知ったオニツカが、ブルーリボンスポーツ以外の会社とも販売代理店契約を結んだのだ。これに対し、ナイトは1973年に訴訟を起こして、オニツカは独占販売契約に違反していると主張した。するとオニツカも反訴して、ブルーリボンスポーツはナイキ・ブランドのシューズの売上をのばすため「タイガー」の商標を不法に使用したと申し立てた。法廷での激しい論争の末に裁判官が下した判決は、こうだった。それまでに両社が共同で開発したデザインのシューズは、両社とも販売することができる。ただし、「コルテッツ」のようなモデル名はブルーリボンスポーツだけが使えるものとする。

攻めの走りをするスティーブ・プリフォンテーン(右)は、ナイキを象徴するアスリートとなった

ブルーリボンスポーツは日本製シューズの主要な仕入れ先を失ったが、それでもナイトには会社をさらに大きくしていける自信があった。その手立てのひとつが、**エンドースメント契約**だ。初めてナイキ製品の**エンドーサー**になったのは、スティーブ・プリフォンテーンだった。1973年に、バウワーマンの申し出を受けて、トレーニング費用を受け取るかわりにナイキのシューズとショートパンツを身に着けて競技に参加すると合意したのだ。プリフォンテーンは、まさにナイキが世間にアピールしたいイメージを体現していた。無造作にのばした髪を風になびかせて走る独特の姿は、一度見たら忘れられないほど印象的だった。また、類（たぐい）まれな情熱と決意を持って走り、たいていのランナーなら棄権するような苦痛や疲労に見舞われても走りつづけた。

　「プリ」の愛称で親しまれたプリフォンテーンは、70年代前半に大学陸上競技会で何度か全米チャンピオンに輝き、国際舞台で活躍すべく準備を整えていたが、彼の人生とキャリアは突然終わってしまった。1975年に交通事故にあい、24歳の生涯を閉じたのだ。その時点で全米記録を7つ持っていたプリは、死後も伝説となり、ナイキにも影響を与えつづけた。プリが愛用してくれたおかげで、ナイキは本格的なスポーツブランドとしての地位を確立することができた。それだけではない。プリの熱いスポーツ魂に感化されて、ナイキの使命も形成されていった。それは、「世界中のアスリートに刺激（インスピレーション）と技術革新（イノベーション）をもたらすこと」だった。

　ブルーリボンスポーツは1975年夏までに、エルヴィン・ヘイズ、スペンサー・ヘイウッドなど、アメリカのプロバスケットボール協会（NBA）の選手数名とエンドースメント契約を交わした。各選手は毎年2000ドルに加え、ナイキのバスケットボールシューズの販売利益の一部を受け取った。有名な選手とのエンドースメント契約料はどんどん上がり、2、3年で、シューズメーカーが契約相手のNBA選手に支払う金額は年間1万ドルに達した。スポーツ界が急速に拡大するにつれて、そこで動く金も一気に増えていったのだ。

【商標】
自社の商品を他社の商品と識別するために使用する文字や図形

【エンドースメント契約】
スポーツ選手などの著名人が、ある企業の商品を使用するかわりに企業から報酬を受け取る契約

【エンドーサー】
企業とエンドースメント契約を結んだ人物

「なぜ走るのかと聞かれたら、こう答える。
多くの人はだれがいちばん速いかを競うために走るけど、
ぼくはだれがいちばんガッツがあるかを競うために走るんだ、と」

――スティーブ・プリフォンテーンの言葉

ナイキは毎年、オレゴン大学で行われる陸上競技の大会、「プリフォンテーン・クラシック」のスポンサーをつとめている

### ナイキのロゴ、「SWOOSH（スウッシュ）」

　1970年、ブルーリボンスポーツでは、「ナイキ」という新たなブランドを人々に強く印象づけるため、ロゴを決めることになった。社長のフィル・ナイトと重役たちは、躍動とスピードを感じさせるロゴ、他のシューズメーカーとはひと味違うロゴを求めた。他社の場合、たとえばアディダスはシューズの両サイドに縦に3本のストライプを入れていたし、プーマは両サイドに1本ずつ、靴底と平行に太めのストライプを入れていた。ナイトは、知り合いのグラフィックデザイン専攻の学生、キャロライン・デビッドソンに、いくつかデザインを考えてほしいと頼んだ。後日、デビッドソンが持ってきた数枚のスケッチを見た結果、ナイトたちは、チェックマーク（✓）に丸みを持たせたようなロゴに決めた。ナイトは正直に感想を述べた。「すごく気に入ったとは言えないが、だんだん好きになるような気がする」。そして、その通りになった。デビッドソンが35ドルのデザイン料を請求したそのロゴは、やがて「スウッシュ」として知られるようになり、今や世界中で最もよく知られた商標のひとつだ。

# 3 エアジョーダンとその後

　1970年代の終わりに、ブルーリボンスポーツはシューズのデザインで大きな前進を遂げた。そのきっかけは、1977年にNASA（アメリカ航空宇宙局）の元エンジニアのフランク・ルディが、固い舗装面で走ったりジャンプしたりする際の衝撃をやわらげる方法を考え出したことだった。空気を閉じこめた袋を靴底に仕込んで、衝撃から足を守ろうというのだ。

　ブルーリボンスポーツはルディのアイデアを取り入れてシューズをつくったが、最初のモデルは出来がいまひとつだった。長時間ジョギングをすると、空気を閉じこめたエアポケットの部分がしぼんでしまうのだ。しかし、ナイトはこのアイデアを気に入ったので、ルディを雇い入れ、試作を続けるように指示した。

　1979年、ブルーリボンスポーツは社名を「ナイキ」に改め、ほどなく「テイルウィンド」

1970年代の終わりにナイキが開発した「エア」の技術は、今も同社のシューズの多くに使われている

というランニングシューズを発売した。テイルウィンドはとても軽く、靴底にガスを詰めた小さな袋がいくつも入っていた。これが、後に「ナイキエア」と呼ばれるようになる緩衝（かんしょう）システムだ。ナイキエアのおかげで、アスリートはけがを恐れずに思いきり激しく走ったりジャンプしたりプレーしたりできるようになったし、シューズは衝撃を吸収してすぐに元の形にもどった。

　1980年は、ナイキにとって大きな節目の年となった。収益が2億6900万ドルに達し、アディダスを抜いてアメリカで最も人気の高い運動靴メーカーとなったのだ。その急成長のさなかに、ナイキは新規株式公開(IPO)を果たした。ナイトとバウワーマンが創業してまもない頃、資金難に陥（おちい）って会社の存続が危うくなったときに、家族や友人が5000ドルずつ投資してくれたのだが、その価値は急騰し、1980年代の初めには300万ドルになっていた。

　1980年のオリンピック選考会には、多くの選手がナイキのシューズを履いて出場した。その頃には、大学の野球選手、アメリカンフットボール選手とそのコーチたちもナイキと契約し、「スウッシュ」の特徴的なロゴが入ったユニフォームやスパイクシューズを使っていた。しかし、ナイキが宣伝費をつぎこんだ対象は、主にプロの選手だった。1978年には、ジョン・マッケンローという若いテニス選手と10万ドルの契約を結んだ。マッケンローは当時、テニス選手としてはいちばんの稼ぎ手で、たとえ試合に負けても、マスコミの注目をかなり集めた。気性が荒くて、しばしば試合中に怒り出し、ラケットをコートにたたきつけたりしたからだ。また、1981年には、長距離ランナーのアルベルト・サラザールがナイキのシューズを履いてマラソンに出場し、世界新記録を出した。無料でナイキを宣伝してくれたのも同然だった。その頃には、ナイキの商品目録には200種類以上のシューズが載っていた。

　1980年代の半ばになると、ナイキは大勢のアスリートにエンドースメント契約料を払うのをやめて、少数のトップアスリートと巨額の契約を結ぶことにした。1984年には、初めてスーパースター選手との契約を取りつけた。プロバスケットボール選手のマイケル・ジョーダンだ。ジョーダンはNBAの選手になるために大学を1年でやめ、シカゴ・ブル

【新規株式公開(IPO)】
会社がその株式をより広く一般の投資家に売るために、新たに株式市場に株式を公開すること。たいていは、会社の運営資金を調達するために行われる。株式公開後、会社の持ち主は個人（または複数の個人）から、大勢の投資家に変わる

ズに入団していた。5年契約で、契約金は300万ドルだった。ナイキは、ジョーダンならテレビのスポーツニュースのハイライトに毎晩登場するだろうから、またとない広告塔になってくれると確信し、250万ドルで5年契約を結んだ。さらに、彼のために特製のシューズをつくり、「エアジョーダン」と名づけた。これは、靴底に緩衝材(かんしょうざい)としてエアが入っていることと、ジョーダンが軽々と空中に舞う姿とをかけたネーミングだった。

　ジョーダンが初めてその赤と黒のシューズを履いてコートに立ったとき、NBAは、ユニフォーム規定に違反したとしてシカゴ・ブルズに1000ドルの罰金を科した。ナイキはこの一件を巧みに利用し、ジョーダンがボールをバウンドさせているテレビCMに、こんなナレーションを入れた。「9月15日、ナイキは革新的なバスケットボールシューズを世に送り出しました。10月18日、NBAはそのシューズを試合で履くことを禁じましたが、NBAも、あなたがそのシューズを履くのは禁じられません。エアジョーダン。ナイキから」

　ジョーダンが史上最高のバスケットボール選手として地位を築くにつれて、ナイキも急

テニスのスター選手、ジョン・マッケンローは、1978年、
19歳の若さでナイキとエンドースメント契約を結んだ

速に成長していった。1980年代から90年代を通じて、ナイキのシューズが運動靴の年間売上で世界一になれなかったのは、1987年だけだ。敗因は主に、**フィットネス**の最新トレンドをとらえそこねたことだった。エアロビクスという、体に負担をかけないエクササイズが大流行しはじめたその年は、エアロビクス用シューズの売上をのばしたリーボックが1位を獲得し、ナイキは2位に終わった。ナイキはこの敗北によって、それまで見過ごしていた客層に注目しはじめた。製品も広告もほとんど、男性向けに発信していたのだが、リーボックの躍進によって、女性のアスリートにもっと注目する必要があるとわかったのだ。

　その後、ナイキは女性向けシューズとウェアの生産を増やしてニーズに応えるとともに、新しく**クロストレーニング**用シューズも発売した。ランニングシューズよりもつくりが頑丈で、ランニングだけでなくウェイトリフティングやエアロビクスにも使えるようにデザインされた、用途の広いシューズだ。また、ボー・ジャクソンという、クロストレーニング用シューズの宣伝にうってつけのアスリートも見つけた。ジャクソンはパワフルで足がとても速く、アラバマ州のオーバーン大学では野球の外野手としてだけでなく、アメリカンフットボールのランニングバックとしても大活躍していた。1986年にはプロ野球選手になると決めたが、1987年にはプロのアメフト選手にもなった。

　ナイキはジャクソンと、クロストレーニング用シューズ「エアトレーナー」の宣伝契約を結び、広告キャンペーンで大成功をおさめた。「ボーは知っている(Bo knows)」をキャッチフレーズに、ボー・ジャクソンがテニスからリュージュまで、あらゆるスポーツを楽しんでいる愉快なCMを流したのだ。ナイキのエアトレーナーはボーと同じように、ほぼどんなスポーツもこなせる、というわけだ。このように、エンドースメント契約が次々と成功したおかげで、1993年には『スポーティング・ニュース』誌が、ナイキの社長であるフィル・ナイトを「スポーツ界で最も影響力のある人物」に選んだ。

【フィットネス】
健康や体力の維持・向上を目的として行う運動

【クロストレーニング】
複数の種目の運動を積極的に取り入れる練習法

「NBAに『エアジョーダン』の使用を禁止されたときは、
わくわくして最高だ！ と思ったよ。
権力にあらがう形で注目されるのは、大歓迎さ」

——エアジョーダンの最初のモデルについて、フィル・ナイトが語った言葉

ボー・ジャクソンがプロのアメフト選手として活躍したのはわずか
4シーズンだったが、ナイキにとっては大スターだった

## エアジョーダン

　1984年、マイケル・ジョーダンはノースカロライナ大学の1年次を終えると、大学をやめてNBAのシカゴ・ブルズに入団した。ナイキの重役たちは、この跳躍力抜群の若きスターにぜひとも自社製のシューズを履いてほしいと思ったが、ジョーダンはアディダスが好きで、高校・大学時代を通じてアディダスのシューズを履いていた。結局、ナイキはジョーダンがとても断れないような好条件を提示した。5年契約で250万ドルを支払ううえに、彼の名を冠した「エアジョーダン」というシグネチャーモデルのバスケットボールシューズをつくる、と。契約は成立し、エアジョーダンはジョーダン自身と同様、たちまち大人気となった。1985年には、1億3000万ドル相当のエアジョーダンが売れた。ジョーダンはNBAで15シーズンにわたってプレーをし、エアジョーダンは年々デザインを新たにして、ジョーダンが現役を退いた後もよく売れるモデルでありつづけた。2014年には、「エアジョーダンXX9」が225ドルで発売された。NBAのスター選手だったマジック・ジョンソンはかつて、「マイケル・ジョーダンは、おれたち、その他の選手とは別格なんだ」と語った。

# 4 Just Do It
ジャスト・ドゥ・イット

　1991年、ナイキはスポーツ・フィットネス関連の企業として初めて、年間30億ドルを超える収益をあげた。さらに、1995年から97年にかけて驚異的なペースで発展を遂げ、1997年度にはシューズ、ウェア、スポーツ用品の売上が90億ドルを超えた。

　その成長と人気を支えたのは、引き続き、一流選手とのエンドースメント契約だった。マイケル・ジョーダンとの契約から10年以上が過ぎた1996年、ナイキは再びスポーツ界の若きスターと契約を交わした。プロゴルファーのタイガー・ウッズだ。ゴルフは長らく「白人のスポーツ」とみなされてきたが、アフリカ系、アジア系などさまざまな人種的ルーツを持つウッズは、見事なティーショットを放ち、ここ一番の集中力でパットを決めて次々と勝利し、新世代のゴルファーたちから注目されていた。フィル・ナイトは約4000万ドルを支払って、20歳のウッズとエンドースメント契約を結んだ。ウッズのプロトーナメントでの優勝回数が20回に迫った2000年には、公式ブランドの「ナイキ・ゴルフ」が誕生し、ナイキとウッズとの契約は1億500万ドルという莫大な金額で更新された。

　ナイキは、ウッズや野球の遊撃手のデレク・ジーターなど、一流アスリートにちなんだ一連の製品をつくって広告キャンペーンを展開した。その際、勤勉で負けず嫌いでタフで

タイガー・ウッズは2000年に、スポーツ選手としては破格の金額でナイキとエンドースメント契約を交わした。2013年には、同じプロゴルファーのローリー・マキロイがその記録を塗り替えた

流行に敏感という、いかにもナイキらしい姿勢を前面に押し出した。一方で、さほど有名でないアスリートや、ときには一般市民も広告に起用した。「いいからやってみな(Just Do It)〔ジャスト・ドゥ・イット〕」をキャッチフレーズに、だれだってアスリートになれる、汗を流して熱心に練習しさえすればいいのだ、と訴えた。1990年代の半ばには、女性アスリートにターゲットをしぼった広告をたくさんつくり、「わたしは女。成功〔スコア〕するところを見て(I am woman. Watch me score)〔アイ・アム・ウーマン　ウォッチ・ミー・スコア〕」というメッセージをプリントしたTシャツ等も売り出した。

　1990年代の後半、ナイキは、だれもが認めるスポーツアパレル業界の王者になっていたが、頂上に君臨すれば批判にさらされる機会が増えることもわかってきた。ナイキは「攻め」の広告を得意としていたが、そうした戦略を非情だとか、ときには悪趣味だととらえる批評家もいた。1996年のアトランタ五輪の際、ナイキは入札に勝ってアメリカの陸上競技チームのユニフォームの公式供給業者となり、ほどなくトラックスーツのデザインを発表した。ところが、アメリカ国旗の星の部分を「スウッシュ」のロゴに変えたことで批判を浴び、結局、デザインを変更した。また、「銀メダルは、金メダルを"逃した"人がもらうもの」というスローガンも、競争心が露骨〔ろこつ〕すぎるとして論議を呼んだ。

　1998年、ナイキは壁にぶち当たったかに見えた。収益が前年より8%も下落したのだ。とくに、それまでナイキ製品がいつも品薄状態だったアジア市場で、売上が急激に落ちた。その年、世界中で購入された運動靴の50%はナイキ製だったが、この割合は前年よりも減っていた。最高経営責任者(CEO)のナイトは、会社が急速に大きくなりすぎて能率が落ちたことが原因だと考えた。そこで、ナイキは問題を解決するために社員1200名を解雇し、年間運営費を2億ドル近く削減した。

　しかし、ナイキにとって最大の打撃は、1990年代の終わりに、海外生産工場の従業員を不当に酷使〔こくし〕していると、メディアや人権団体から公然と非難されたことだったろう。当時、ナイキは世界数百カ所に工場を持っており、そのほとんどが操業〔そうぎょう〕コストの安いアジア圏にあった。そして、その多くが、従業員を法外に安い賃金で働かせている「搾取工場〔スウェットショップ〕」であることが、各種報道で明らかになったのだ。たとえば、ナイキはインドネシアで年間

**【年度】**
会社が会計を管理するために区切る12カ月の単位。何月から始まるかは会社により異なる

パフォーマンスアパレル（運動用ウェア）のパイオニアであるナイキは、ここ数回のオリンピックで多くのナショナルチームにユニフォームを供給してきた

7000万足のシューズを生産していたが、1996年の時点で、多くの従業員の1日あたりの賃金は2ドル50セント以下だった。海外工場の経営者のなかには、14歳の子どもを雇う者もいた。また、ナイキの工場の多くが、製造過程で危険な化学薬品を使っているにもかかわらず、従業員の安全のための適切な設備を欠いていた。

　ナイトはこうした深刻な批判にさらされて、痛手を最小限におさえようと、すばやく行動に出た。1998年に会見を開いて、公然と誓ったのだ。今後は会社の方針を変えて、海外生産工場の従業員を公平に扱うとともに、工場労働者の最低雇用年齢を定め、工場の大気環境基準をより厳しくする、と。「こうした処置は、単に業界基準を設定するためのものでなく、われわれがどんな会社であるかを示すためのものです」とナイトは述べた。

　21世紀の最初の数年間に、ナイキは1998年のつまずきからゆっくりと立ち直った。2002年には、収益が99億ドルまで回復した。ブルーリボンスポーツの時代に創業者ふたりの家族や友人が投資した5000ドル相当の株の価値は、3000万ドル以上になっていた。2000年代の初めにのびたのは、主に海外の事業だった。ナイトははるか昔から、ナイキを真のグローバル企業にしたいと夢見ていたが、ヨーロッパ、アジア、南米で売上がのびていることは、成長がまだまだ止まっていない証拠だった。ナイキは1990年以降、全米および海外に「ナイキタウン」という店舗を展開してきた。ナイキタウンは大規模なショールームの

ようなところで、シューズの現行モデルがほぼ全部そろっているほか、あらゆるナイキ製品が販売されている。店舗によっては、バスケットボールのコートが併設されていたり、スポーツ界のヒーローの大きな像が飾ってあったりもする。2007年には、ロンドンや香港のナイキタウンも大いににぎわった。

　ナイキは、90年代末に勢いの鈍った成長を取りもどすため、スポーツの新たな分野にも進出した。たとえば、ハイキング、カヤック、サイクリングなど、戸外でのレジャーに適したオールコンディションギア（ACG）の製品を充実させた。1994年には、アイスホッケーの用具とウェアの主要メーカー、バウアーを買収して、アイスホッケー関連市場にも大きく食いこんでいった。2002年には、全米トップのサーフボード・ブランド、ハーレー・インターナショナルを子会社にして、スケートボード、サーフィン、スノーボードなどの、いわゆる「非主流」のスポーツのアパレルもナイキ製品に加えた。

【子会社】
自社の社名を残しているが、実際は他の会社によって所有され経営されている会社

「バウワーマンが考案したワッフルトレーナーから、
ウレタンカバーを使ったゴルフボールの
『ツアーアキュラシー』まで、
わたしたちは消費者の要望を
消費者よりも先にくみとってかなえるよう、
あらゆる努力をしてきました」

――フィル・ナイトの言葉

世界中にあるナイキタウンの面積は、平均で2700平方メートルを超える

**ナイキ**

## ナイキの海外進出

　アメリカで誕生したナイキが、本格的に大企業になったのは、海外進出を遂げてからだった。1972年、カナダ市場に進出したのを皮切りに、1974年にはオーストラリアにも事業を拡大した。1977年にはアジアで、翌78年には南米で、代理店を通じて製品を販売しはじめた。21世紀に入ると、海外市場でのシューズとアパレルの売上が収益に占める割合がどんどん大きくなり、2007年には150カ国以上でナイキ製品が販売されていた。下記の数字は、2007年度の総収益と、地域ごとの内訳を示している。

| アメリカ合衆国 | 61億ドル | 南北アメリカ大陸<br>（合衆国以外） | 9億5300万ドル |
|---|---|---|---|
| ヨーロッパ | 47億ドル | | |
| アジア | 23億ドル | その他 | 22億ドル |
| | | 総収益 | 163億ドル |

（ナイキの2007年度年次報告書より）

# 5 世界に向けて

　ナイキは商品の種類を増やすだけでなく、革新的なスポーツテクノロジーも次々と提供してきた。2000年には、「ナイキエア」の進化版ともいうべき「ナイキショックス」を開発した。シューズの中敷きに、弾力性と復元力に富む小さな円柱状の中空のスプリングをつけることで、衝撃吸収性を高める技術だ。同じ年に、体にぴったりフィットする革新的なボディスーツも発表した。

　「スイフトスーツ」「スイフトスピン」などと名づけられたボディスーツは、長年の研究と風洞実験の結果、生まれたものだった。ナイキのデザインチームは、軽量で弾性に富む繊維を慎重に組み合わせることで「第二の皮膚」をつくり出し、アスリートの体の空気抵抗を少なくした。タイムを0.01秒でも縮めたい選手たちのために、短距離走、スピードスケート、水泳、自転車競技など、種目ごとに異なるボディスーツをつくった。以後、オーストラリアの短距離走の選手、キャシー・フリーマンや、アメリカのスピードスケートの

【風洞】
人工的に空気の流れをつくるためのトンネル形の装置

スピードスケートのショートトラックの選手、アポロ・アントン・オーノは、2002年、ナイキの「スイフトスキン」を身につけて冬季オリンピックに出場し、メダルを2個獲得した

選手、アポロ・アントン・オーノなど、各競技用のスーツを身につけた選手がオリンピックで大活躍する姿が見られるようになった。

2003年、ナイキは2度にわたりトップニュースに取り上げられた。1度目は、コンバースを3億500万ドルで買収したときだ。コンバースは95年の歴史を持つシューズメーカーで、ナイキの存在を脅かすほどのライバルではなかったが、昔ながらのキャンバス地のバスケットボールシューズで有名な人気ブランドだった。2度目にトップニュースになったのは、コンバースの買収からわずか数週間後、将来を大いに期待できるバスケットボール選手、レブロン・ジェームズと、9000万ドルで7年間のエンドースメント契約を結んだときだった。当時、ジェームズはまだ18歳で、高校を卒業してプロバスケットボールの世界に飛びこもうとしているところだったが、すでに「第2のマイケル・ジョーダン」の呼び声が高く、いずれ、所属チームとの契約とエンドースメント契約を合わせて、アスリートで初めて年収が10億ドルに達するのではないかと、業界通の多くは見ていた。ナイキからシグネチャーモデルを贈られた身長203センチの"キング・ジェームズ"は、「ナイキの製品は体にぴったりだし、プレーするのに最適なんだ」と語った。

ナイキは再び大成功をおさめていたが、ときには問題も生じた。2004年、創業者のフィル・ナイトは最高経営責任者（CEO）を辞して会長となり、家庭用品メーカーのS・C・ジョンソン＆サンでCEOをつとめていたウィリアム・ペレスにその座をゆずった。しかし、ペレスの在任期間は短くして終わった。ペレスは、広告に大金をつぎこむナイキの従来の方針を変えようとして、たちまち会長のナイトと衝突し、2006年の初めに辞任を余儀なくされたのだ。新たにCEOになったのは、ナイキの重役、マーク・パーカーだった。

だが、2006年には、トップの交代以上に世間の注目を集める問題が起こった。長年のライバルだったアディダスが、リーボックを買収したのだ。スポーツアパレル業界でナイキを追う2社が突然ひとつになり、強力な競争相手となった。ナイキは2006年に150億ドル近い収益をあげたが、サッカー関連商品で圧倒的な強さを誇るアディダスも95億ドルと収益をのばし、その差を縮めようとしていた。サッカーはアメリカ以外のどの国でも最も人気の高いスポーツだが、ナイキは創業以来40年間、ほとんど注目してこなかった。だが、そのままでいいはずがなかった。1970年代のジョギング・ブーム、1980年代のバスケット

ボール全盛期、1990年代のクロストレーニングの流行に乗じて業績をのばしてきたナイキは、21世紀を迎え、ついにサッカー市場に深く食いこむ決意を固めたのだ。

　2006年、ナイキはサッカー市場に大きな一歩を踏み出した。世界最高のサッカープレーヤーと称されるブラジルのスター選手、ロナウジーニョと契約し、彼のシグネチャーコレクションを発売したのだ（その2年前には、サッカーの「神童」といわれた14歳のアメリカ人選手、フレディー・アドゥーとも、100万ドルで契約を交わしていた）。また、2006年のサッカー・ワールドカップの開催期間には、1億ドル以上かけて宣伝を行った。しかし、アディダスは同時期に2億ドル近くを宣伝に使っていた。ナイキが、サッカーの世界で名声を築いてきたアディダスから王座を奪おうとするなら、苦戦を強いられるのは明らか

ナイキとアディダスは長年にわたり強力なライバル関係
にあるが、今、それが最もよくわかるのがサッカー場だ

だった。アディダスの役員のひとり、エーリッヒ・スタミンガーは次のように述べた。「サッカーは、わがブランドの血と骨です。きわめて思い入れの深いスポーツなのです」

　2007年の時点で、ナイキは約2万9000人の社員を擁し、さらに大幅な成長を見込んでいた。その年の2月、CEOのマーク・パーカーは、2011年までに<u>年商</u>230億ドルを達成すると発表した。そのためにあらゆる分野での成長を計画しており、とくにサッカー関連商品の市場でシェアをのばすことと、ロシア、インド、ブラジルなど、じきに10億ドル規模の市場となり得る国々で事業を拡大することをめざす、とした。「わが社は市場のリーダーとして、スポーツアパレル業界全体と提携企業とを新たなよりよい場所に導く力を持っており、またそうする責任を負っています。わが社のビジョンは明確です。今後の可能性について、最高に期待をふくらませています」とパーカーは述べた。実際には、年商230億ドルを達成するまでに予定よりも1年長くかかったが、その後も年商は上昇しつづけた。ナイキの2014年の発表によると、年商は278億ドルで、世界に850の小売店を持ち、従業員数は5万5000人を超えていた。

　オレゴン州で、スポーツシューズの小さな販売代理店としてスタートしたナイキは、世界に進出し、スポーツアパレル全般を扱う大企業になった。昔から、この会社には熱烈なファンもいれば、とことんけなす人もいた。ナイキを支持する人たちは、その革新性、明確なビジョン、競争心など、同社を有名にしたさまざまな要素をほめ称える。一方、批判的な人たちは、高価な「プレミアム商品」に重点を置いた戦略を非難する。そうした商品を売って大もうけしながら、低賃金で働く従業員たちを軽んじたり酷使したりしているというのだ。しかし、「スウッシュ」のロゴで知られるナイキが、現在、スポーツアパレル業界の王者であり、今後も長くその座にとどまろうとしていることは、だれも否定できないだろう。

【年商】
企業や商店などの1年間の総売上高

「2社のいずれかが単独でナイキに迫ることはないし、
まして追い越すことなどあり得ない。
だが、こうして2社が手を組んだからには、
そうなる可能性も否定できない。
さあ、ゲームの始まりだ」

———2006年のアディダスとリーボックの合併について、ナイキの宣伝担当取締役、ジョン・ヒッキーが語った言葉

収益、契約スポーツ選手、広告———そのすべてにおいて、
ナイキは今、1番でありつづけようとしている

## ナイキ発祥の地、オレゴンで

　2007年に『フォーチュン』誌は、「働きたい会社ベスト100」という特集を組み、ナイキを69位にランクインさせた。その理由として、ユニークな職場環境と施設・設備をあげ、次のように述べている。「オレゴン州にある本社は、スポーツ好きにとってはパラダイスだ。そこには、テニスコート、屋内・屋外のトラックコース、サッカー場のほか、クロスカントリー用のコース、2棟のスポーツセンター、11レーンのプールなどがある。プールでは水泳だけでなく、スキューバダイビングやカヤックの練習もできる」。たしかに、オレゴン州ビーバートンに1990年に建設されたナイキの本社、「ワールド・キャンパス」は、この会社の類まれな成功とユニークなビジョンとを象徴する施設だ。敷地は初め30ヘクタールだったが、その後、倍以上の面積に広がった。周囲を森に囲まれていて、湖、ランニング用コース、ハイテク技術を取り入れたフィットネスセンターなどがある。広大な敷地に散在する建物にはそれぞれ、有名な「ナイキ・アスリート」の名前がついている。偉大なテニスプレーヤーのジョン・マッケンロー、バスケットボール界の伝説マイケル・ジョーダン、プロゴルファーのタイガー・ウッズ、女子サッカー選手のミア・ハムなどだ。また、車ではなく自転車で通勤する社員には、会社からボーナスが支払われる。

〈2014年以降の主な動き・トピックス〉
- 2015年　プロバスケットボール選手のレブロン・ジェームズと初の生涯契約を結ぶ
- 2016年　フィル・ナイト会長が退任、マーク・パーカー社長兼CEOが会長を兼務

# 第3章 マクドナルド

1955年4月15日、マクドナルドの1号店が、イリノイ州のデスプレーンズに開店した。メニューはチーズバーガーとフライドポテトとミルクシェイクで、明るく元気な男女の店員がカウンターごしに販売した。それから半世紀たった2005年4月15日、ファストフード・チェーンの象徴的存在となったマクドナルドは、創業50周年を記念して、1号店からほんの数キロしか離れていないシカゴの中心街に巨大な新店舗をオープンした。その面積は2230平方メートル。300の客席と2本のドライブスルーレーンを備え、おなじみのゴールデンアーチは高さが18メートルもあった。店内に客席がひとつもなかったドライブインの1号店とは、格段に違う。しかし、店の構えがどんなに立派になろうと、新しいメニューがどんなに増えようと、品質とサービスに徹底的にこだわる社風は、半世紀前から少しも変わっていなかった。

# 1 はじまりは、ハンバーガー

　1954年に、レイ・クロックがカリフォルニア州のサンバーナディーノに行ってみたくなったのは、ハンバーガーではなくミルクシェイクのためだった。クロックは当時、シカゴでマルチミキサーの販売会社を経営していたが、サンバーナディーノのマクドナルド兄弟のドライブインでは、8台のマルチミキサーを使ってミルクシェイクをつくり、売っていると聞いたのだ。クロックは、なぜそんなにミルクシェイクが売れるのか知りたくてたまらず、マクドナルド兄弟の店をこの目で見ようと、カリフォルニアへ飛んだ。

　昼時にそのドライブインを訪れたクロックは、目を見張った。販売窓口の前に、人と車が長い列をつくっていたのだ。並んでいる男性客のひとりに、何が魅力なのかたずねると、「最高にうまいバーガーが15セントで食えるんだ」とのことだった。ほかの客たちにも聞

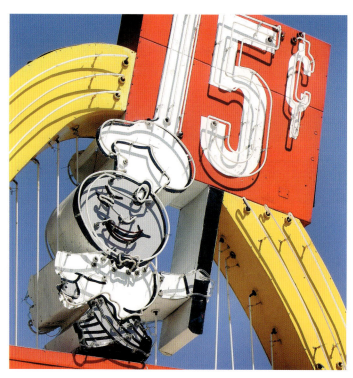

マクドナルドの「スピーディー・サービス・システム」の初期のシンボルマーク。安価なハンバーガーを迅速に提供することをアピールしている

いた結果、彼らの多くは毎日そこに来て、ハンバーガーとフライドポテトとミルクシェイクの昼食をとっていることがわかった。クロックはとても感心して、その翌日、ディックとマックのマクドナルド兄弟に会うと、こう提案した。「あなた方の『スピーディー・サービス・システム』を、フランチャイズ方式で全米の飲食店に広めませんか？」。マクドナルド兄弟は、使い勝手のいいキッチンで限られたメニュー品をすばやくつくる方法を編み出していて、それを「スピーディー・サービス・システム」と呼んでいたのだ。

しかし、マクドナルド兄弟はすでに、アメリカ西部のいくつかの飲食店にスピーディー・サービス・システムのノウハウ（専門的な知識や情報）を提供して使用料をもらっており、自分たちのファストフード店をフランチャイズ方式で大幅に増やそうという気は、あまりないようだった。チェーン店を管理するという重い責任を負いたくないというのだ。そこでクロックは、わたしがその役目を引き受けましょうと申し出た。

クロックはマクドナルド兄弟からなんとか合意を取りつけて、1955年3月2日、イリノイ州オークブルックに「マクドナルド・システム」というフランチャイズ企業を設立した。クロックの当初のもくろみは、マクドナルドというファストフード店をチェーン展開することで、自分が販売しているマルチミキサーの売上をのばすことだった。ただし、マクドナルドのチェーン店が利益を生むまで給料は受け取らないと決めていたので、クロックの収入はマルチミキサーのセールスで得る年間1万2000ドルの給料のみという状況が、1961年頃まで続くはずだった。ところが、じきに明らかになったのは、ミルクシェイクではなく15セントのハンバーガーが、売上の中心になりそうだということだった。

1955年4月15日、クロックはマクドナルドの1号店をイリノイ州デスプレーンズに開店した。床やトイレの掃除も頻繁に手伝って、ビジネスを軌道にのせ、「品質（Quality）、サービス（Service）、清潔さ（Cleanliness）、価値（Value）」という基本理念を確立した。その当時、グリル担当の社員のひとりにフレッド・ターナーがいた。後にマクドナルドの社

マクドナルド

【ファストフード】
ハンバーガーやフライドチキンのように、すばやく調理して販売できる、手頃な値段の食べ物

【フランチャイズ】
製品やサービスを販売する権利を他の経営者に売ること。権利を得た「フランチャイズ加盟店」は、提供元と同じ商標を使い、同じやり方で営業できるかわりに、フランチャイズ料と、多くの場合、利益の一部を提供元の会社に支払う

長、そして会長に就任する人物だ。ターナーは、上司のクロックが歩きまわってゴミをひとつひとつ拾っていた姿を思い出して、こう述べている。「クロックさんはよく、店の外に落ちている紙コップや包装紙を両手にいっぱい拾って、入ってきたものです。まるで、ゴミを拾うために雇われた人のようでした」

　クロックはもちろん、ゴミ拾いばかりしていたわけではなく、フランチャイズ契約を結べそうな経営者をどんどん見つけて、マクドナルドの店舗を増やしていった。最初の1年間で18店舗を開店したが、その半数近くはカリフォルニア州にあった。しかし、自分のいるシカゴから3000キロ以上も離れたところにある店舗を指導して一定の水準を保たせるのは不可能に近いとわかり、シカゴ周辺の地域に集中することにした。成功の確かな手ご

マクドナルドが1950年代に成功したのは、バーガーとシェイクを中心としたシンプルなメニューと注文システムによるところが大きい

たえを得たのは、1955年5月26日、イリノイ州ウォーキーガンにフランチャイズ店をオープンしたときだった。開店初日には、夕方5時前にハンバーガー用のバンズ（丸いパン）がほぼ品切れとなり、1日の売上が450ドルに達した。翌日には売上が倍近くに増え、客の行列が街区（ブロック）を一周するほど長くなった。3日目に、売上は1000ドルを超えた。

じきに、その店のオーナーの稼ぎはクロックの収入を上回るようになった。だがクロックは、単に現金を得ることよりもはるかに重要なことを成し遂げていた。つまり、ビジネスを成功させたのだ。おかげで、マクドナルドのフランチャイズはやってみる価値のある事業だと、加盟希望者に納得してもらいやすくなった。そうして1958年には、合計34店舗が開店していた。1959年にはさらに67店舗が加わり、創業5周年を迎えた1960年には、10あまりの州で200のフランチャイズ店が操業（そうぎょう）していた。年間の総売上は3700万ドルに達した。

しかし、クロックは依然として、利益を出すのに苦労していた。マクドナルド兄弟との契約により、クロックの会社に入ってくるのは各フランチャイズ店の売上の1.9%のみで、しかもその4分の1はマクドナルド兄弟に納めることになっていたからだ。また、フランチャイズ店から受け取るフランチャイズ料は一時払いで、1店舗あたりわずか950ドルだった。その結果、クロックの稼ぎ出す金は、各店舗に開店資金を援助し、しだいに人数の増える自社の**経営陣**に給料を払うと、ほとんどなくなってしまった。

そんな形勢を一変させたのが、経営陣のひとり、ハリー・ソネボーンのすぐれたアイデアだった。1957年にソネボーンは、「フランチャイズ・リアルティ・コーポレーション」という会社を立ち上げた。この会社は店舗用の土地を見つけて所有者から借り、それをフランチャイズ加盟店主に、利益を上乗せして又貸しした。上乗せする利益は、その店の売上の5%などと決められていた。これで、会社の収益は一気に増えた。同時に、クロックは加盟店に対しても、出店場所を決めるにあたっても、主導権を強めることができた。

フランチャイズ加盟店をどんどん増やせば、店舗を貸すことで利益を得られる。だが、会社の急速な成長を支えるために、借金もしなければならなかった。結局、収益をのばす

マクドナルド

[経営陣]
企業の経営に携わる役員たち

最良の方法は、「マクドナルド」の商標と「スピーディー・サービス・システム」のノウハウをマクドナルド兄弟から即金で買い取ることだと、クロックは考えた。そうすれば、売上の一部がマクドナルド兄弟に流れるのを止めることができる。そこで交渉を始めると、マクドナルド兄弟は売却価格として270万ドルを要求してきた。これはクロックが用意できる金額をはるかに超えていたが、ソネボーンと協力して融資してくれる人物を見つけ、必要な資金を得て、1961年にマクドナルド兄弟から経営権を買い取った。会社にとっては大きな出費だったが、長い目で見れば安い買い物だと、クロックは確信していた。

【融資】
事業などに必要な資金を貸すことによって、利益を得ること

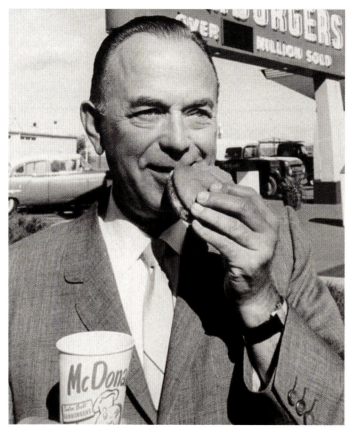

マクドナルドは、レイ・クロックが社長・会長をつとめた29年間に、500億個近いハンバーガーを売った

「わが社は50年間、
創業時からの価値観を守りつづけてきました。
たった1軒の店舗から3万1000の店舗を持つ企業へと
成長しつづけてこられたのは、その価値観のおかげです」

——マクドナルドの元最高経営責任者（CEO）、ジム・スキナーの言葉

## マクドナルドのゴールデンアーチ

　建築家のスタンリー・メストンは1952年に、マクドナルド兄弟が開店する飲食店の設計を引き受けた。しかし、それがアメリカのポップカルチャーを象徴する建物になるとは思わなかったし、そのとき取り入れたくないと言い張ったデザインが後に店のシンボルマークになろうとは、予想もしなかった。ディック・マクドナルドから店のスケッチを見せられたとき、建物の両側にアーチがひとつずつそびえ立っているのを見て、このアーチはないほうがいいと主張したのだ。これを残すなら、自分は設計を降りる——きっぱりとそう言った。ディックは、メストンをなだめるため、それならアーチはやめようと言った。ところが、メストンが設計図を完成させたあとで、ディックはそれを看板製作会社に持っていき、両側にアーチを加えるよう頼んだ。すると、看板製作会社は鮮やかな黄色の「ゴールデンアーチ＊」をつくった。それは数ブロック離れたところからもよく見え、建物全体でいちばん目立つ部分となった。ディック・マクドナルドは言う。「アーチがすべてだった。あれがなければ、ただのありふれた四角い建物だったよ」

＊現在はアーチ2つを横に並べた「M」のような形のものが多い

## 2 一躍、有名に

　マクドナルド兄弟から経営権を買い取ったことで、レイ・クロックとその会社（1960年に「マクドナルド・コーポレーション」と改名。以下、「マクドナルド」と記す）は新たな時代を迎えた。独自のアイデアを次々と実現しながら、年々増えつづけるマクドナルドのチェーンを意のままに監督できるようになったのだ。クロックは、店舗ごとに商品やサービスにばらつきが生じないよう目を光らせ、どの店舗にも品質、清潔さ、上質な顧客サービスを維持するよう求めた。1960年代に入り、10年間で500店舗以上もフランチャイズ店が急増すると、そうした品質管理はますます重要になった。

　同時に、**マーケティング**も同じくらい重要になった。マクドナルドは創業から数年間、各店舗に地元向けの宣伝活動を奨励（しょうれい）してきたが、全米に向けての宣伝はほとんど行って

1号店の跡地にあるマクドナルド博物館の展示からは、マクドナルドが急速に成長した1960年代への郷愁が感じられる

いなかった。1963年、『リーダーズ・ダイジェスト』誌にのせた1ページの広告が、初の全米向けの宣伝となった。この年には、テレビのコマーシャルも2本、初めて制作した。1964年には、全米規模の広告代理店と契約し、1967年までには社内に販売促進部も設けた。ほどなく、「今日はゆっくり休もうよ（You deserve a break today）」という覚えやすいキャッチフレーズをはじめとする数々のユニークなＣＭソングと、陽気なピエロのマスコットのロナルド・マクドナルド（日本ではドナルド・マクドナルド）とが、テレビとラジオの電波に乗って全米に知られるようになった。

しかし、マクドナルドを有名にしたのは、覚えやすい宣伝文句と派手な服のピエロだけではない。1963年には、記念すべき出来事がふたつあった。500店目を開店したことと、10億個目のハンバーガーを販売したことだ。売上はのびる一方で、クロックの年収も約11万5000ドルに達した。しかし、クロックと、1960年に最高経営責任者(CEO)に就任したソネボーンと、長年クロックの秘書をつとめてきたジューン・マルティーノの3人の主要株主は、あることに気づいていた。それは、マクドナルドの可能性を最大限に広げるには、株式を公開し、会社を大きくするための資金を調達するしかないということだった。

クロックが1号店を開店して10年目の1965年4月15日、マクドナルドは1株あたり22ドル50セントで市場に売り出し、株式公開会社となった。とはいえ、全米の企業の株の大半が売買されるニューヨークのウォール・ストリートの株式仲買人（ブローカー）たちは、あまり興味を示さなかった。マクドナルドはまだニューヨークに出店しておらず、多くの仲買人にとって聞き慣れない社名だったのだ。しかし、マクドナルドの株を買っておこうと思った投資家も大勢いたため、公開初日に株価は30ドルに跳ね上がり、1週間後には36ドルまで上昇していた。マクドナルドの株主たちは、突如として億万長者になったのだ。

株式公開によって資金が増えると、マクドナルドは宣伝への出費を惜しまなくなった。1965年秋、シカゴで行われるメイシーズ百貨店の感謝祭パレードがテレビ中継されるにあたって、ソネボーンは3分半のCM放映権を7万5000ドルで買ったばかりか、ある高校

【マーケティング】
企業が、顧客のニーズを調べたり、製品やサービスを世に広く知らしめ、よく売れるようにするために行う作業や活動

【株式仲買人】
株の買い手と売り手のあいだで調整役をする個人または会社。通常、それらのサービスに対する料金を請求する

のマーチングバンドのスポンサーまで引き受けた。マーチングバンドの生徒たちは、マクドナルドのゴールデンアーチをあしらったユニフォームを着て行進した。この投資は実を結び、パレードの翌月、マクドナルドの売上は全米で 8% も増加した。

　パレードでの宣伝の成功は、別の画期的な決断につながった。1966 年、マクドナルドは CBS テレビネットワークから、スーパーボウル、つまりアメリカンフットボールリーグの優勝決定戦のスポンサーにならないかと打診された。ソネボーンは 20 万ドルのオファーを 17 万ドルに値切って、CBS からテレビ中継の CM 放映権を買い、さらにもう 1 社、やはりスーパーボウルを中継する NBC からも、CM 放映権を 7 万 5000 ドルで買った。

　それは、やや危険な賭けだった。まったく新しいスポーツイベントの初のテレビ中継とあって、視聴率が予測できなかったのだ。だが結果的には、マクドナルドの宣伝広告費の使い道として、それまでで最高の「買い物」となった。その日、グリーンベイ・パッカー

マクドナルドが第 1 回スーパーボウルのスポンサーをつとめたのは大正解で、何千万人ものテレビ視聴者がその名を知ることになった

ズがカンザスシティ・チーフスを35対10で下した試合の放送に、全米の41％の家庭がチャンネルを合わせたのだ。その中継は、その年の最高視聴率を記録しただけでなく、テレビ史上に残る高視聴率のひとつとなった。そして、CBSの放送でもNBCの放送でも唯一のスポンサーだったマクドナルドは、たちまち売上が急増した。放送のあった1967年1月の1店舗あたりの売上高が、前年の同じ月と比べ、平均で22％も増えたのだ。

マクドナルドが売上をのばしたもうひとつの要因は、メニューを増やしたことだった。新たなメニューは、フランチャイズ店の斬新（ざんしん）なアイデアから生まれることも多かった。1964年にはフィレオフィッシュが、1968年にはビッグマックが、1970年代の初めには**シャムロックシェイク**がメニューに加わった。じつはクロック自身も、独自の製品開発を試みたことがある。肉を使わないメニューとしてフィレオフィッシュが人気を呼ぶ少し前に、「フラバーガー」なるものを考案したのだ。それは、パンの上に薄切りにしたパイナップルと薄切りのチーズをのせたものだったが、売れ行きが悪く、失敗に終わった。

しかし、クロックは、新店舗の開発には大いに手腕を振るった。1968年に、マクドナルドは1000店目を開店した。1970年には、50億個目のハンバーガーを販売するとともに、全米50州すべてに販路を広げた。ところが、この爆発的な成長のさなかに問題が持ち上がっていた。クロックと、長年彼の右腕として働いてきたソネボーンとのあいだに、店舗を増やすペースをめぐって意見の違いが生じたのだ。ふたりの対立は深まる一方で、1967年、ついにソネボーンはクロックから辞職を求められて会社を去った。取締役会の面々は、このことを知ると愕然（がくぜん）として、ソネボーンの仕事をだれが引き継ぐのかとクロックに問い正した。このとき、クロックが即座に思い浮かべたのが、当時事業部長をつとめていたフレッド・ターナーだ。クロックは取締役会の面々に告げた。「後任はフレッド・ターナーにしましょう。彼は聡明で、適応力がある。彼になら任せられます」

マクドナルド

【スポンサー】
事業やイベントの資金を提供する、企業や個人。宣伝活動とひきかえに引き受けることが多い

【シャムロックシェイク】
1970年に発売された緑色のマックシェイク。毎年、カトリックの祝日であるセント・パトリックス・デイの頃（2～3月）に期間限定で販売される。当初はレモンライム味だったが、現在はミント味。販売されるのはアメリカ、アイルランド、カナダの一部で、日本では未発売

「マクドナルドとシカゴ市は、まさに手を携えて成長してきました。シカゴを代表して、マクドナルドの
50年間にわたる顧客へのすばらしいサービスに感謝いたします。
マクドナルドのサービスのすばらしさは、
シカゴに限らず、世界共通ですが」

——元シカゴ市長、リチャード・M・デイリーの言葉

テレビCMから巨大なバルーンまで、マクドナルドは、イリノイ州シカゴ市で行われるメイシーズ百貨店の感謝祭パレードに長年にわたり参加してきた

マクドナルド

## ビッグマックの誕生

　マクドナルドの最も有名なハンバーガーは、1967年にペンシルベニア州ピッツバーグで誕生した。その街でマクドナルドの店舗を12軒ほど経営していたジム・デリガッティは、従来のハンバーガーよりも大きくてうまいものをメニューに加えたいと考えた。そこで、試行錯誤の末、ビーフパティ2枚のあいだにスライスしたパンを1枚はさみ、レタス、ピクルス、オニオンをのせて「秘密のソース」をかけたハンバーガーを完成させると、「ビッグマック」と名づけた。そして、試しにメニューに載せたが、価格は45セントで、ふつうのハンバーガーが15セントであることを考えると、かなり高かった。しかし、腹をすかせた客は喜んで45セントを払ってビッグマックを買った。それから数カ月のあいだに、ビッグマックはピッツバーグ以外の街でもテスト販売され、1968年には全米のマクドナルドの店舗で買えるようになった。デリガッティは言う。「ビッグマックは、電球ほどの大発明じゃない。言ってみれば、電球はすでにそこにあった。わたしはそれをソケットに入れただけだ」

# 3 ファストフードのブームに乗って

　フレッド・ターナーがマクドナルドの社長に就任した1968年は、ファストフード産業全体が爆発的な成長を遂げた時期と重なっていた。マクドナルドに次ぐファストフード・チェーンのバーガーキングは毎年100軒ずつ店舗を増やしていたし、バーガーシェフの総店舗数もマクドナルドより100軒ほど少ないだけだった。また、アメリカ西部のジャック・イン・ザ・ボックス、南部のミニー・パール・チキンなど、限られた地域でチェーン展開をするファストフード企業も誕生していた。

　そのほかに、デイブ・トーマスが立ち上げたばかりのハンバーガー・チェーン、ウェンディーズも、マクドナルドから<u>市場シェア</u>を奪おうとしており、ファストフード市場におけるマクドナルドの首位の座が、初めて深刻に脅かされていた。

　ソネボーンが社長をつとめていた頃は、店舗を増やすペースを落とす計画だったが、新社長のターナーはその計画を取りやめて、逆の方向に進んだ。ターナーが後に語ったとこ

バーガーキングは1960年代にマクドナルドの強力なライバルとなり、今日も最大の競争相手である

ろによれば、「消費者の需要にまったく応えきれておらず、どの地域でも店舗が不足していた」。そこで、ターナーは不動産部門と建築部門の人員を倍にして、店舗数を増やす計画を強力に押し進めた。1969年には新たに211の店舗がオープンし、その後も新規開店する店舗の数は増えつづけて、1974年には515店舗がオープンした。その時点で、マクドナルドの総店舗数は全米で3000軒に達し、他のファストフード企業を大きく引き離した。

マクドナルドの成長は、アメリカ人のライフスタイルの変化にも支えられていた。1970年代には、大都市の郊外に住宅が続々と建設された。郊外で暮らす人々はどこへでも自動車で出かけることが多く、手軽な食事を求めた。ファストフード・チェーンのなかにはコングロマリットに吸収されたところも多かったが、マクドナルドは基本理念を貫いて独自の道を歩んだ。ファストフード業界の状況は変わっても、創業時から品質と顧客サービスにこだわりつづけてきたことが、結局はいちばんの強みとなったのだ。

1972年、マクドナルドの年間売上高は急増し、初めて10億ドルを超えた。1975年には、アリゾナ州シエラビスタの店舗に初のドライブスルーの窓口を設け、売上をさらにのばした。そして1976年、売上高は30億ドルを超えた。その時点で、マクドナルドは世界22ヵ国に合計4177の店舗を有していた。

マクドナルドが初めて海外に出店したのは1967年で、カナダのブリティッシュコロンビア州とプエルトリコにそれぞれ1店舗をオープンした。1970年代には海外市場での成長が著（いちじる）しくなり＊、かたやアメリカ国内でチェーン店を大幅に増やせる可能性は低くなっていく。会長のクロックは1960～70年代を通じて、事業を多角化するアイデアを次々と打ち出していた。カリフォルニア州にディズニーランドのようなテーマパークをつくるというものから、シカゴにドイツ風レストランをオープンするというものまで、その内容はさまざまだったが、どれも会社として投資するのにふさわしい事業とはいえなかった。そこで、

【市場シェア】
市場において、ある種の製品またはサービスの総売上高に対し、特定の会社の製品またはサービスの売上が占める割合。マーケットシェアともいう

【コングロマリット】
異なる業種の企業を次々と買収・合併して、多角的経営を営む巨大な複合企業

＊日本での初出店は1971年

マクドナルドは成長戦略として、海外進出に力を注ぐことにしたのだ。

その当時、アメリカの食品業界でカナダ以外の国に出店している会社はほとんどなかったが、マクドナルドはヨーロッパやアジアでもフランチャイズ・チェーンを確立しようとしていた。だが、それらの地域ではファストフードが普及しておらず、とりわけハンバーガーは存在さえ知られていなかった。アメリカで成功したからといって、ファストフードのビジネスを新たな文化圏に根づかせるのは容易ではない。ターナーはこう回想している。「古参の社員たちにとって、海外進出はじつに刺激的な挑戦でした。再び業界のパイオニアになれるチャンスでしたから」

しかし、アメリカ国内でも、パイオニアでありつづける必要があった。マクドナルドの社会的役割が大きくなるにつれて、メニューも増やさねばならなかったのだ。たとえば、朝食用メニュー。その第1号は「エッグマックマフィン」だった。このメニューを考えついたのはカリフォルニア州のある店舗の経営者で、調理法は、イングリッシュマフィンと

中国は、マクドナルドの熱心なファンが多い国のひとつ。ゴールデンアーチが伝統的な装飾の建物に取りつけられている

同サイズのテフロン加工のリングのなかで目玉焼きをつくり、ロース肉を使ったカナディアンベーコンを焼いて一緒にイングリッシュマフィンではさむ、というもの。エッグマックマフィンは、1973年に全米のマクドナルドで販売されるようになった。

　1979年には子ども向けの「ハッピーミール」（日本での名称は「ハッピーセット」）が、販売促進用のメニューとして不定期に登場した。目新しいのはメニューそのものよりパッケージのほうだったが、たちまち売上の増加につながった。最初のハッピーミールは、ハンバーガーとフライドポテトとソフトドリンクを、サーカス列車の車両の絵がついた箱に詰めたものだった。車両のデザインは数種類あって、販売期間内に全種類を集めると列車が完成する仕組みだった。ハッピーミールはじきに大人気となり、通年メニューに昇格した。現在のハッピーミールには、小さなオモチャが入っていることが多い。

　「チキンマックナゲット」も、マクドナルドで人気の高いメニューのひとつだが、これはアメリカ人の嗜好の変化に応えて開発されたものだ。1980年代に入ると、人々が以前ほど牛肉を食べなくなったので、クロックは鶏肉料理をメニューに加えたいと考えた。そのためにシェフのルネ・アレンを雇ったが、アレンが考案した初期のメニュー、「ディープフライド・チキンポットパイ」などは不評だった。アレンがいったん鶏肉料理をあきらめ、タマネギをひと口サイズに切って衣をつけて揚げる「オニオンナゲット」を試作したとき、最高経営責任者(CEO)に就任していたターナーがふと、「それを鶏肉でやってみたらどうかな？」と言ったのがきっかけで、チキンマックナゲットが誕生した。

　チキンマックナゲットは1983年に発売され、1985年には、マクドナルドの推定110億ドルの総売上高のうち7億ドル以上を占めるまでになった。そしてマクドナルドは、ファストフード業界では鶏肉食品業者としてケンタッキーフライドチキンに次ぐ売上第2位の座を獲得した。しかし、長年ハンバーガー王として知られてきたレイ・クロックが、フライドチキン王のカーネル・サンダースと売上高を競いあうことはなかった。クロックは1983年の後半に何度も脳卒中の発作を起こし、入院生活を強いられたのだ。入院前はフルタイムで働いていたクロックだったが、ついに職場復帰することはなく、1984年1月に81歳で帰らぬ人となった。

マクドナルド

「どんな成長も必ず止まるときが来るものですが、
マクドナルドはその法則から何度も逃れてきました。
創業時の革新的な社風を保って、
他社とは違う新たな手法を見出しつづけている。
そんな数少ない企業のひとつです」

——シカゴ大学教授、ジェイムズ・シュラガーの言葉

マクドナルドのハッピーミールのパッケージとオモチャは、公開中の
子ども向けの人気映画とタイアップしてつくられることが多い

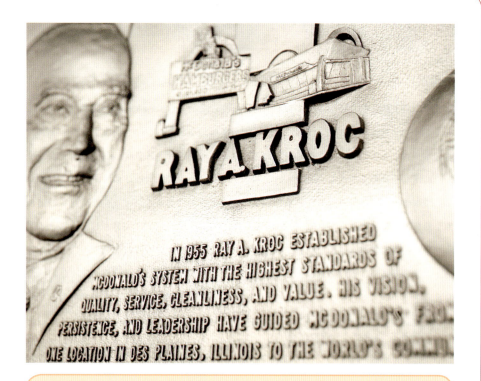

### レイ・クロック

　レイ・クロックは、1954年にマクドナルド兄弟の店を見つけたとき、すでに人生の盛りを過ぎていた。第一次世界大戦中には赤十字の救急車の運転手としてアメリカ国内で訓練を受け(このときの同僚に、後にアニメーション映画のパイオニアとなるウォルト・ディズニーがいた)、戦後はピアノ弾き、紙コップのセールスマン、ダンサーといった職業を経て、1954年、ミルクシェイクをつくるマルチミキサーの販売会社を経営していたときに、カリフォルニア州サンバーナディーノにあるマクドナルド兄弟のドライブインを訪ねるに至ったのだ。いくつもの職業を転々としたクロックだが、マクドナルドの基本理念を全米に広めることがライフワークとなった。彼はこう言っている。「(マクドナルドを創業したとき)わたしは52歳で、糖尿病と関節炎を患っていた。それまでの仕事で体を酷使したせいで、胆嚢と甲状腺のほとんどを失ってもいた。だが、人生最良のときはまだこれからだと確信していた」。クロックは1902年にイリノイ州オークパークで生まれ、1984年に世を去ったが、人生の最後の30年間を捧げて、マクドナルドを世界最大の外食企業に育て上げた。

# 4 トップの交代

　1985年、創業30周年を迎えたマクドナルドは、クロックが想像もしなかった実績をあげていた。年間売上高は100億ドルを超え、創業以来販売したハンバーガーは500億個以上に達し、世界36カ国に8300のチェーン店を展開していた。しかも、マクドナルドは成長しつづけていて、平均すると17時間に1店舗の割合で、世界のどこかにチェーン店がオープンしていた。そして1988年には、店舗数がついに1万を超えた。

　この全盛期にマクドナルドの舵取りをしていたのは、マイケル・クインランだった。クインランは、1963年にアルバイトの郵便室係としてマクドナルドで働きはじめ、1982年にはターナーの後を継いで社長に就任し、1987年には最高経営責任者（CEO）の座も引き継いだ。CEO就任後の1年間で、世界各地に600の新店舗をオープンし、それまでにない拡大の基礎を築いた。クインランはきわめて野心的に事業を展開し、1980年代のある時期、マクドナルドは1日に5店のペースで新店舗をオープンしていた。当時、ファストフード市場は飽和状態だとか、もう成長の余地はないなどと言われていたが、そうした見解に真っ向から挑んでいたのだ。1989年、クインランは株主に向かって自信たっぷりに語った。「競合他社から見れば市場は飽和状態かもしれませんが、わが社にとっては違います」

1980年代後半、アメリカ国内の店舗が飽和状態になると、マクドナルドは海外市場に目を向けた

クインランの奮闘のかいあって、CEO就任から10年以内に、マクドナルドは世界106カ国に販路を広げ、売上を倍増させた。1990年、モスクワにロシア初のマクドナルドが開店すると、寒空の下、3万人以上の客が列をつくった。その2年後、中国の北京に開店した際には、初日に4万人が詰めかけた。ポーランドやイスラエルに1号店がオープンしたときにも、行列ができて話題になった。マクドナルドは世界中に2万2000軒以上の店舗を展開し、1997年にはコカ・コーラを抜いて「世界で最も有名なブランド」になったと、当時ロンドンに本社のあったコンサルティング会社のインターブランドは発表した。

マクドナルドは国際的には称賛されていたが、アメリカ国内では苦境に立たされつつあった。ひとつには、急速に店舗を増やしたため、既存の店から数ブロック以内に新しい店がオープンすることも多く、フランチャイズの加盟店主たちは売上を奪われるのではないかと心配していた。また、ファストフード店があまりに増えたせいで、アメリカ国内の売上は、1990年代半ばに横ばい状態となった。

人々のマクドナルドに対する見方も変わってきていた。健康志向の人が増えるにつれて、油で揚げたものや動物性食品を使用したものの多いマクドナルド製品は、脂肪分、塩分、コレステロールの含有量が多すぎると懸念する声が、消費者のあいだで高まった。また、マクドナルドの包装材は発泡プラスチック製のものが多いため、環境破壊につながるのではないかと心配する消費者も大勢いた。

マクドナルドはそうした問題に対処しようと努めたが、成功した試みはごく一部だった。1987年にはメニューにサラダを加えて好評を博したものの、それ以後、メニューを多様化しようとする試みは難航した。フライドチキン、パスタ、**ファヒータ**、ピザなどを発売したが、どれも顧客には不評だった。1991年には、健康上の懸念に応えるため、脂肪分91%カットのビーフパティを使用した「マック・リーン・デラックス」というハンバーガーを発売したが、これさえも不評で、わずか5年でメニューから消えた。

メニューに手を加えても製品に対する健康面の懸念は解消できなかったが、環境への悪影響を減らす努力はかなりうまくいった。マクドナルドは1990年に、毎年最低1億ドルを

【ファヒータ】
トウモロコシの練り粉を薄い円形に焼いたトルティーヤで肉や野菜を巻いた、メキシコ料理

一部の環境保護団体は、マクドナルドが紙類と包装材を大量に消費して資源を無駄にしていると批判してきた

リサイクル製品の購入にあてると公約した。購入する品目は、椅子やテーブルトップからトイレットペーパー、段ボール箱まで、さまざまだった。さらに、環境防衛基金と協力して、幅広い廃棄物削減プログラムを確実に実行した。たとえば、それまでハンバーガー類はプラスチック容器に入れて販売していたが、これを包装紙に変えた。その結果、包装材のゴミが90％も減った。環境防衛基金の代表、フレッド・クラップはこれを評価して、「企業は善行によって業績をのばせると、マクドナルドは証明しつつある」と述べた。

しかし、そうした社会貢献のかいもなく、顧客はマクドナルドを離れ、ライバルのウェンディーズやバーガーキングに流れていった。バーガーキングは、ビッグマックに対抗して「ビッグキング」というハンバーガーを売り出していた。ほどなく、マクドナルドの経営陣は、少なくともアメリカ国内ではそれまでのような爆発的成長を続けることはできないと気づいた。1995年には国内に1130の新店舗をオープンしたが、1997年にはその数を400にとどめた。くわえて、大型スーパーのウォルマートやガソリンスタンドに小規模な店舗を多数出店するという計画も、試験的な店舗で売上目標が達成できなかったため、中止した。

何度かの試食会で、顧客が他店のハンバーガーの味のほうを好んだことがわかると、マクドナルドはもう一度製品づくりを考え直すことにした。その結果生まれたのが、1996年

【環境防衛基金】
ニューヨーク市に本部を置く、アメリカの環境保護非営利団体。1967年設立。国内外のさまざまな環境問題の解決に取り組む

発売の「アーチ・デラックス」というハンバーガーだ。これは、4分の1ポンド（約113グラム）の肉を使用したハンバーグにベーコン、レタス、トマトをのせて「秘密の」マスタードソースをかけ、パンではさんだものだった。アーチ・デラックスは、同じシリーズの「フィッシュフィレ・デラックス」「グリルチキン・デラックス」「クリスピーチキン・デラックス」と合わせて、「大人向け」のハンバーガーとして売り出したが、その売れ行きは惨憺（さんたん）たるものだった。2ドル25セントから3ドルという値段もカロリーも高すぎる、と消費者は文句を言った。また、このシリーズのコマーシャルで、子どもたちやいつも笑顔のロナルド・マクドナルドまでが「大人の味」にしかめっ面をする場面を、不快に感じた人も多かった。

　1998年の半ばにクインランはCEOを引退し、アメリカ事業部長だったジャック・グリーンバーグが新たなCEOとなった。クインランは会長の座にとどまったものの、マクドナルドには変革が必要であるとし、「新たな世紀に向けて、（グリーンバーグ氏の）非凡な経営手腕を活用すべきときだ」と述べた。

マクドナルドはさまざまなメニューを打ち出したが、主力商品は依然としてハンバーガーだ

「100歳まで生きられるなら、
週に7日、このオフィスに来るのだが」

——マクドナルド創業者、レイ・クロックの言葉

### マクドナルド製品と体重の問題

　2002年夏、ニューヨーク市に住む肥満体の少女ふたりが、マクドナルドを相手取って集団訴訟を起こした。ふたりはマクドナルドでたびたび食事をしていたが、ビッグマック、エッグマックマフィン、ハッピーミールを食べつづけた結果、太りすぎて不健康な体になったと訴えた。また、マクドナルドは製品に含まれる脂肪分、糖分、塩分、コレステロールの量を適切に表示していないと主張した。裁判官は2度にわたってこの請求を退け、自分の意志で製品を食べた消費者がマクドナルドを責めることはできないし、同社の宣伝は消費者を欺くものではないと述べた。マクドナルドのスポークスパーソンをつとめるリサ・ハワードは、次のようにコメントした。「この訴訟では常識が勝利すると信じていました。マクドナルドの製品には多様性があり、選び方しだいでは健康的でバランスのよい食事ができるのです」。原告のふたりの少女は2005年1月に控訴裁判所に提訴したが、その5年後、これ以上の提訴を禁ずるという判決を受けた。

# 5 方向転換の試み

　グリーンバーグが最高経営責任者（CEO）に就任したとき、経営陣は比較的新しい顔ぶれになっていた。マクドナルドは長年、グリル担当などから始めた、いわゆるたたき上げの社員を役員に登用してきたが、21世紀を目前にしたこの時期、経営戦略がマンネリ化していることを、金融界やフランチャイズ加盟店主から指摘されたため、社外のすぐれた人材に助力を求めることにしたのだ。

　グリーンバーグがCEOになった時点で、シーフード中心のファストフード・チェーン、ロング・ジョン・シルヴァーズで重役をつとめていた人物がすでに経営陣に加わり、メニューの洗い直しに取り組んでいた。また、ピザハットの元幹部のひとりも加わって、アメリカ国内の営業を指揮することになった。

　グリーンバーグは、CEOに就任して1カ月後に苦渋の決断を発表した。マクドナルドは創業43年目にして初めて、人員削減をせざるをえなくなった、と。そして、本社の社員の

1998年にCEOとなったジャック・グリーンバーグは、マクドナルドの持ち株の多様化に努めた

4分の1に近い525名を解雇した。つづいてもうひとつ、1965年に株式を公開して以来の苦難がマクドナルドを襲った。利益の落ち込みだ。1997年には16億4000万ドルだった**純利益**が、1998年には15億ドルに減ってしまった。

　もはや、収入源をハンバーガーのみに頼ってはいられない。それは明らかだった。そこでグリーンバーグは、他社の買収に乗り出した。1998年、コロラド州に本社を置くチェーン店、チポトレ・メキシカン・グリルの少数株を購入したのを皮切りに、2000年には、破産したファミリーレストラン・チェーンのボストン・マーケットまで買収した。目的は、会社の持ち株を多様化することだった。

　しかし、買収によって会社を大きくしようとしているあいだも、本業のハンバーガーで苦戦を強いられていた。売上が依然としてのびず、2002年には再び人員削減を発表すると同時に、200近い店舗を閉店した。そのほとんどがアメリカ国内の店舗だった。1998年には、顧客につくりたての製品を提供するため、「メイド・フォー・ユー」というシステムを導入したが、そのせいで顧客を待たせる時間が長くなり、フランチャイズ加盟店主たちは不満を募らせた。一方、消費者も、マクドナルドのメニューは脂肪含有量の多いものばかりだと、嫌悪感をあらわにしていた。この問題をさらに深刻にしたのが、2004年に公開された『スーパーサイズ・ミー』というドキュメンタリー映画だ。この映画のなかで、監督自らがマクドナルドのメニューだけを1カ月間食べつづけるとともに、スーパーサイズをすすめられたら断らずに注文して食べるという生活を続けた結果、体重が急に増え、健康上の問題をいくつも抱えることになったのだ。

　2002年の終わりになっても、世界中の3万店近いマクドナルドの業績は好転しなかった。会社の株価は3年間で60%も下落し、負債は増えつづけ、利益は減りつづけた。その年の暮れに、マクドナルドの取締役会はグリーンバーグに辞任を求め、すでに引退していた元社長のジム・カンタルポを説きふせて、CEOに返り咲かせた。

　カンタルポは経営再建のため、新たな計画を立てた。それは、新規の出店を大幅に減ら

---

【純利益】
会社の一定期間の総収益から、その期にかかった経費を差し引いた金額

し、業績の悪い店舗を700以上も閉店するというものだった。先に買収したチポトレやボストン・マーケットなど、提携ブランドへの対策は後回しにした。10億ドルをかけて全店舗のコンピュータシステムを変えるITプロジェクトも、取りやめた。そして、どうしたらブランドイメージを一新して再びティーンエイジャーや若者をひきつけることができるか、考えはじめた。さらに、旧友で元CEOのフレッド・ターナーに、会社への復帰を懇願し、メニューとサービスの改善に力を貸してほしいと頼んだ。カンタルポはマクドナルドの160万人の従業員に、自ら考案した「必勝法（プラン・トゥ・ウィン）」を説明して、こう述べた。「わたしは口約束はしませんし、特効薬も使いません。ですが、わたしが指揮をとるかぎり、失敗することも2位に甘んじることもありえません」

2003年が終わる頃には、カンタルポの努力が実を結びはじめた。売上は増え、1年またはそれ以上前にオープンした店舗でも大幅に売上をのばしたところが多数あった。また、ほとんどのハンバーガーの価格を1ドル前後に設定した結果、離れていた顧客がもどって

映画監督のモーガン・スパーロックは、マクドナルド製品の脂肪含有量の多さを『スーパーサイズ・ミー』というドキュメンタリー映画で痛烈に批判した

きていた。その背景には、「これが大好き（I'm loving it）」をスローガンとした新しい一連のコマーシャルの効果もあった。世界各地に暮らすふつうの人たちが、マクドナルドが好き、という気持ちを覚えやすいメロディで歌うコマーシャルだ。60歳を迎えたCEOのカンタルポは、フロリダ州オーランドで開催されるマクドナルド加盟店主の年次総会の準備をしながら、最高の気分を味わっていたにちがいない。当時国内事業部長をつとめていたマイク・ロバーツに、「これ以上よくなることなんて、あるだろうか？」と言ったという。だが、カンタルポは、その答えを見届けることができなかった。その翌日に心臓発作を起こして、世を去ってしまったのだ。

しかし、カンタルポが着手した方向転換は、彼の後にCEOとなったジム・スキナーに受け継がれた。創業50周年を迎えた2005年、マクドナルドは、**キャッシュフロー**が改善して利益が増えたこと、世界中で成長しつづけていることを発表することができた。

その後も、マクドナルドはたゆまず進歩しつづけた。営業時間を延長したこと、サラダからコーヒーまで上質な製品をメニューに加えたことが効果をあげて、2006年の終わりまでに株価は25％上昇していた。2006年には、1970年代以来初めて、アメリカ国内の店舗の大規模な改装に着手し、数年間かけて完了させた。2008年には中国に1000店目の店舗がオープンし、2009年には全米の店舗で「マックカフェ」シリーズの各種コーヒーが飲めるようになった。海外での事業の拡大と、国内営業の改革——その両方のバランスを取りながら、マクドナルドは常に新たな顧客を獲得しようと努めている。

そうした取り組みは、50年前、創業者のレイ・クロックがマクドナルドの1号店をイリノイ州デスプレーンズに開店した頃と、基本的に変わっていない。クロックが品質、清潔さ、きめ細かい顧客サービスに徹底的にこだわったからこそ、マクドナルドは世界最大のファストフード・チェーンに成長したのだ。そうしたビジネスの基本理念は、これからの半世紀にもきっと受け継がれていくことだろう。

【キャッシュフロー】
現金の流れ。主に、一定期間内の企業活動によって実際に得られた収入から、外部への支出を差し引いて手元に残る資金の流れをさす。将来予定されている入金や支払いは含まない

「わたしたちは、フライドポテトの1本1本、ハンバーガー・パティの1枚1枚を気にかけています。
大半の企業が利益率を気にかけるのと同じくらいにね。
創業者のレイ・クロックの言葉を借りれば、
ほかのだれよりも真剣にハンバーガー・ビジネスに取り組んでいるのです」

——マクドナルドの元CEO、エド・レンシの言葉

顧客へのきめ細かいサービスは、今なお、世界中の何万というマクドナルドの店舗で何よりも重視されている

## マクドナルドの「顔」

　アメリカに住んでいる子どもで、ロナルド・マクドナルドを知らない子はほとんどいない。2001年に刊行された『ファストフードが世界を食いつくす』（原題 "Fast Food Nation"）によれば、アメリカの小学生のあいだでマクドナルドの赤毛のピエロよりも知名度の高い架空（かくう）の人物は、サンタクロースだけだという。黄色いジャンプスーツを着てぶかぶかの赤い靴を履いたロナルドがマクドナルドの「顔」となったのは、1963年、俳優で後にNBCの朝の情報番組「トゥデイ」の気象予報士として有名になるウィラード・スコットが、ロナルドにふんして、ワシントンD.C.限定のテレビCMに登場したときだった。このとき、スコットは、鼻に紙コップをつけ、頭にファストフードの並んだトレイを載せていた。その2年後の1965年には、ロナルドはマクドナルドの宣伝に欠かせない存在になっていたが、演じるのはスコットよりも若くてスリムな俳優に変わっていた。ロナルドの衣装は年月とともに少しずつ変化してきたものの、赤毛のかつらや鼻、黄色い服、縞模様の靴下など、その容貌といでたちは、今やマクドナルドの企業イメージの一部となっている。

　ちなみに、ロナルドには「最高しあわせ責任者」（チーフ・ハピネス・オフィサー）という正式な肩書もある。

〈2009年以降の主な動き・トピックス〉
- 2014年　アジア・太平洋・中東・アフリカ地域で1万店舗目のベトナム1号店誕生
　　　　　賞味期限切れの肉をチキンナゲットに使っていたことが、日本で社会問題に
- 2015年　米マクドナルドで朝マックが終日提供されるようになり、売上に寄与
- 2016年　日本でグランドビッグマックなどの新製品が好評。また、『ポケモンGO』とのコラボレーションを開始

第4章
# アップル

1976年にスティーブ・ウォズニアックがコンピュータをつくると、友達のスティーブ・ジョブズが、それを何とかして売り出そうと言い出した。ウォズニアックは、当時働いていたヒューレット・パッカード社の上司にそのコンピュータを見せて、製品化しませんかと言ったが、断られた。ジョブズも勤務先のアタリ社の役員たちに、このコンピュータを仕入れて市場に売り出しませんかと提案したが、やはり断られた。しかし、ふたりとも、それであきらめはしなかった。ウォズニアックは何より大切にしていたヒューレット・パッカード製のプログラム機能つき電卓を250ドルで売り払い、ジョブズは愛車の赤と白のワーゲンバスを1500ドルで売った。そうして得た資金を持ち寄って、ふたりは1977年にアップル・コンピュータという会社を興した。以後、40年近くにわたって、その会社はコンピュータ産業に次々と変革をもたらしていく。

# 1 ふぞろいのリンゴたち

　スティーブ・ウォズニアックとスティーブ・ジョブズは、1971年の夏、カリフォルニア州のクパティーノという町で出会った。ふたりとも電子工学(エレクトロニクス)が大好きだから長くつきあっていけるだろうと、共通の友達が引き合わせてくれたのだ。

　21歳のウォズニアックは大学を退学したばかりで、初めて独力で「コンピュータ」を完成させたところだった。それは、一定のコマンドに反応してライトが点滅する仕組みの装置だった。一方、ジョブズはまだ16歳の高校生だったが、授業の課題のために電子機器をいじったりしていた。ふたりのスティーブはたちまち意気投合した。

　その年の秋から、ウォズニアックとジョブズは、よく一緒に活動するようになった。どちらかひとりがつくった電子機器を売り歩くこともあれば、ショッピングモールで、時給3ドルで『不思議の国のアリス』のキャラクターにふんして働くこともあった。やがて、

スティーブ・ジョブズは、大学教育をほとんど受けなかったが、野心にあふれた若者だった

1973年に、ウォズニアックは初めてフルタイムの仕事に就いた。計数機メーカーのヒューレット・パッカードで手のひらサイズの電卓(電子式卓上計算機)を設計する仕事だ。ジョブズは、オレゴン州ポートランドにあるリード・カレッジに入学したが、1学期を終えたところで退学し、ビデオゲーム・メーカーのアタリで技術者として働き出した。

　ウォズニアックもジョブズもそれぞれ専門技術を活かして働いていたが、余暇には相変わらず一緒に電子機器をいじっていた。そして1975年には、メンローパークの町のコンピュータ愛好家の集まり、「ホームブルー・コンピュータ・クラブ」に入った。そこでは、コンピュータ好きの人々が自分で組み立てた装置を披露したり、意見を交換したりしていた。当時、産業界では、IBMやゼロックスといった企業が開発・製造したコンピュータが広く使われるようになっていた。また、個人で使用するように設計された小型のパーソナルコンピュータ(PC)も、注目されはじめていた。ホームブルー・コンピュータ・クラブの会員のなかには、『ポピュラー・エレクトロニクス』誌に広告が載っているコンピュータ・キットに興味をそそられている人も多かったが、独自のコンピュータをつくりたいと夢見ている人たちもいて、そのなかにウォズニアックとジョブズもいた。じきに、ジョブズはあることに気づいた。コンピュータの設計にかけては、ウォズニアックのほうが自分よりはるかに才能があって、より複雑なシステムをつくることができる。そこで、ウォズニアックがつくった装置を製品として売れないだろうかと、真剣に考えるようになった。

　1976年2月、ウォズニアックが新たなコンピュータの基本設計をホームブルー・コンピュータ・クラブの会合に持ってくると、ジョブズはすぐに、これなら大量販売できると直感した。主な部品は20ドルの**マイクロプロセッサ**だから、1台あたり25ドルほどの低コストでわりと簡単につくれる。ウォズニアックが設計したのは**プリント基板**のみで、基板を覆うボディはなく、キーボード、電源装置、モニタ等もいっさいついていない。だが、このコンピュータを1台50ドルでクラブの大勢の会員に売れば、かなりの利益を見込める

アップル

【マイクロプロセッサ】
コンピュータの心臓部ともいえる部品。データを受け取り、プログラムどおりに演算・加工して画面等に送る働きをする

【プリント基板】
さまざまな電子部品で回路をつくる際に、すべての部品を固定して配線するための板。あらゆる電子機器に必ず使われる主要部品のひとつ

と、ジョブズは考えた。

しかし、ウォズニアックはそこまで望んではいなかった。ヒューレット・パッカードでの仕事にも、2万4000ドルというまずまずの年収にも満足していたのだ。ちょうど2、3カ月前に結婚したばかりで、安定した生活を送るほうが魅力的に感じられた。パーソナルコンピュータをつくって売るという仕事は目新しいが、いかにも不安定に思えた。それでも、ジョブズの提案には興味をそそられた。ウォズニアックは言う。「コンピュータを売るなんて、考えたこともなかった。だけどスティーブ（・ジョブズ）が、『ほら、こういうのがありますよ、とみんなに見せて、何台か売ろうよ』と言ったんだ」

だが、そのためにはまず、ウォズニアックが、雇用契約にしたがって、自作の電子機器を製造・販売する許可をヒューレット・パッカードからもらう必要があった。ウォズニ

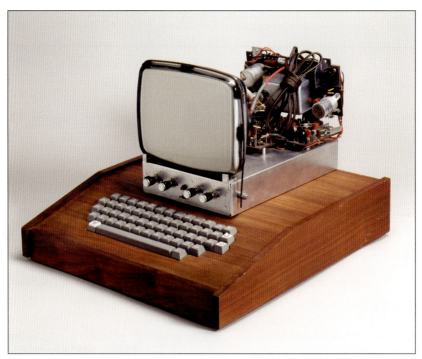

「アップルⅠ」はキット（部品一式）の形で販売されたので、ユーザーはキーボードやスクリーンを自分で接続しなければならなかった

アックは初め、このコンピュータを製造・販売する権利を譲りましょうか、と会社に申し出たのだが、断られた。ジョブズも、当時働いていたアタリ社の上層部に打診したが、やはり断られた。残る道はただひとつ、自分たちでつくって売ることだった。

　ならば、会社を興（おこ）す必要がある。社名は何にしよう？　「エグゼクテック」「マトリックス・エレクトロニクス」など、技術面を強調した社名も考えたが、やがてジョブズが「アップル・コンピュータ」はどうだろう、と言い出した。それは、オレゴン州の果樹園で働いた経験から思いついた名前だったのかもしれないが、結果的に成功を呼びこむ社名となった。ウォズニアックとジョブズは完成したコンピュータを「アップルⅠ」と名づけ、ホームブルー・コンピュータ・クラブの会合に持っていって披露した。

　その会合には、アップル・コンピュータの顧客第１号となるポール・ジェイ・テレルも出席していた。テレルは１年前から、カリフォルニア州のマウンテンビューという町で「バイト・ショップ」を経営していた。バイト・ショップは、アメリカで最も早く誕生したコンピュータ販売のチェーン店のひとつだ。会合で、テレルはアップルⅠに興味を示し、ウォズニアックとジョブズに今後も連絡を取りあおうと言った。すると次の日、ジョブズがさっそくテレルの店にやって来た。そして帰るときには、アップルⅠの完成品、50台の注文をテレルから取りつけていた。卸値（おろしね）は１台500ドルだった。

　ウォズニアックもジョブズも、いきなり大口の注文が舞いこんで大喜びしたものの、50台のコンピュータを組み立てるのに必要な部品を購入する資金がなかった。そこで、ウォズニアックの職場の同僚ふたりから5000ドルずつ借りて部品代の一部を払い、残りの代金は支払いを30日間待ってもらうよう、地元の卸売業者を説きふせた。ジョブズはカリフォルニア州ロス・アルトスの実家に作業場を設けた。そして、ウォズニアックと、会社が軌（き）道に乗るまで共同経営者として手伝ってくれることになった職場の先輩、ロナルド・ウェインと３人で、卸売業者への支払い期限に間に合わせるべく、必死でコンピュータを組み立てた。

　その結果、支払い期限の前日に、アップルⅠの最初の50台をテレルの店に納めることができた。ただし、それらは完成品といっても、プリント基板にたくさんの**チップ**とマイク

【チップ】
集積回路を組みこんだシリコンの小片

ロプロセッサなどの部品がついているだけのものだった。テレルは、ボディにおさまったコンピュータがキーボードや電源装置と一緒に届くものと思っていたのでとまどったが、約束どおり2万5000ドルをジョブズたちに支払い、あとは自分で完成させたという。ジョブズたちは、この売上金のうち約1万7000ドルを、同僚への借金返済と卸売業者への未払い金の支払いにあてた。残りの8000ドルは、アップル・コンピュータにとって初の利益となった。

アップルの正式な社名は、2007年まで「アップル・コンピュータ」で、以後シンプルに「アップル」となった

「ぼくがいいコンピュータを設計したってことが、どこかに記されていれば、それでいい」

——アップル・コンピュータの共同創業者、スティーブ・ウォズニアックの言葉

### 「アップル」のロゴの変遷

　アップル・コンピュータが会社として設立されたとき、共同創業者のひとりであるロナルド・ウェインがロゴをデザインした。それは、物理学者のサー・アイザック・ニュートンがリンゴの木の下に座っている図柄だった。だが、翌1977年にスティーブ・ジョブズが、もっとアップル・コンピュータらしいロゴに変えようと決めて、広告代理店を経営している友人に相談した。その友人はアートディレクターのロブ・ジャノフにデザインを依頼した。ジャノフは語る。「依頼を受けて、まず何をしたかというと、スーパーマーケットでリンゴを1袋買ってきて、縦割りにいくつかに切った。そして、そのくし形のリンゴを何時間もながめていた」。そのうちに、あるデザインを思いついたという。右側がひと口かじってある、黒いリンゴだ。ジャノフはそのデザインをジョブズに見せた。ジョブズはとても気に入ったが、色（というより、色つきでないこと）だけが気に入らなかった。そこでジャノフは、色の順番を変えた虹色のストライプでリンゴを彩色した。そのロゴは約20年間使われたが、1997年、ジョブズは、リンゴを「クリスタルホワイト」一色にしようと決めた。

# 2 事業の成長

初めての製品で利益が出ると、ジョブズは勢いづいて、顧客を増やそうと努めた。ウォズニアックも、ヒューレット・パッカードで働きつづけてはいたが、余暇を利用してアップルⅠの改良に励んだ。

アップル・コンピュータ(以後、「アップル」と記す)は好調なスタートを切ったが、3人目の共同創業者であるウェインは、新規事業につきものの財政面のリスクが心配でたまらなかった。そのため、1976年4月12日、一時払いの給与800ドルを受け取って、持ち株を放棄し、アップルを去った。

ウェインが心配したのも無理はない。アップルには、コンピュータをつくりつづけるのに十分な現金がなかったのだ。当時の状況はこうだ。ウォズニアックはアップルⅠの機能を調整して、革新的に解像度の高い画像を表示できるようにした。その結果、最大6色か

マイク・マークラは1977年に投資家としてアップルの経営に加わり、1997年まで、CEOや会長などの要職をつとめた

ら成る画面が見られるようになった（アップルⅠの画面は白黒のみだった）。彼とジョブズは、この新しいコンピュータをアップルⅡと名づけ、必ず売れると確信した。だが問題は、アップルⅡを1台つくるのに数百ドルかかるということだった。ウォズニアックは回想する。「そんなにコストのかさむものを、どうしたら1000台もつくれる？　金がまったくないというのに」

　ウォズニアックが技術面の改良に努めているあいだ、ジョブズは懸命に資金援助を得ようとしていた。そして、通称マイク・マークラ（正式名はアーマス・クリフォード・マークラ・ジュニア）という人物と出会った。マークラは、半導体メーカーのインテルとフェアチャイルドで働いて財を成し、32歳で引退していた。だが、ジョブズの野心とウォズニアックの聡明さに可能性を認め、アップルの事業計画づくりに力を貸そうと同意した。マークラはまた、9万ドル以上の個人資産をアップルに投資するとともに、同社が銀行から25万ドルの融資を受けられるよう手配した。

　こうして資金援助を得たアップルは、1977年1月3日、正式に法人組織となった。その1カ月後、マークラはかつてフェアチャイルドで一緒に働いていたマイケル・スコットを、アップルの初代社長として雇った。そして4月には、アップルⅡが小売価格1298ドルで発売された。プリント基板にチップやマイクロプロセッサがついていただけのアップルⅠとは違い、アップルⅡはきれいなボディにおさまっていて、標準のキーボードと電源装置つきで、カラーグラフィックス機能も備えていた。アップルⅡは、その後9カ月間で570台売れた。

　そうした売上に力を得て、アップルは成長していった。社員も増え、1980年にはクパティーノにある本社で1500人が働いていた。ウォズニアックが新しい**ハードディスクドライブ**を開発してアップルⅢの設計を始める一方で、ほかの才能あるエンジニアたちも新製品の開発に取り組んでいた。あるチームは、1978年から「リサ」という名称のコンピュータを開発し、別のチームは1979年9月から「マッキントッシュ」という名称のコンピュー

【解像度】
写真、テレビ画像、スクリーン画像などの細部が鮮明に見える度合い

【ハードディスクドライブ】
情報を記録し読み出す装置

タに取り組んだ。マッキントッシュという名は、プロジェクト・マネージャーのジェフ・ラスキンが好きなリンゴの品種にちなんでいた。

アップルは商業的に大成功していたので、株主たちは社外の投資家にも株を売ろうと決めた。株式が公開されたのは1980年12月12日で、1株あたり22ドルで取引が開始され、わずか数分で460万株が完売した。その日の終わりには、アップルの時価総額は18億ドルに迫った。大量の株を保有していたジョブズ、ウォズニアック、マークラは、あっという間に巨額の富を得た。さらにその日、40名以上の従業員が億万長者になった。彼らは給与の一部として自社株購入権（ストックオプション）を与えられており、保有していた株を売却して大金を得たのだ。

ウォズニアックは、富を得たことで仕事に対する姿勢が変わってしまい、製品開発よりも富を使うことに熱中するようになった。1981年2月、彼は購入してまもないビーチクラフト社製の「ボナンザ」というプロペラ機を操縦して、恋人と一緒に（妻とは前年に離婚していた）サンディエゴまで飛ぶことにした。ところが、離陸した直後、ボナンザは失速して滑走路に墜落、フェンスをふたつ突き破り、土手に突っこんで止まった。ウォズニアックは脳震とうを起こし、少し前に起こったことを記憶できなくなってしまった。記憶障害は5週間ほどで回復したが、ウォズニアックはしばらく休職することにした。

この時期にアップルを離れたのは、ウォズニアックだけではなかった。1981年2月25

アップルの本社は、ハイテク企業の聖地、カリフォルニア州のシリコンバレーにある

日、社長のスコットは40名の従業員を解雇し、成果の上がらない**ハードウェア**関連のプロジェクトをいくつか解散させた。そして1カ月後、スコット自身も、もはやアップルにいても楽しくないと言って、辞職した。社長の職はマークラが引き継ぎ、マッキントッシュ部門のリーダーをつとめていたジョブズが取締役会長となった。

1983年には、新たな人物がアップルの社長兼最高経営責任者（CEO）に就任した。米国ペプシコーラの社長をつとめていたジョン・スカリーだ。引き抜きの条件は、年俸100万ドル（うち、50万ドルはボーナス）、契約金100万ドル、そして**自社株購入権**（ストックオプション）だった。これとほぼ同時期に、アップルは待望の新機種、「リサ」を発売した。アップルIIIよりも大型で、記憶容量も大きいコンピュータだ。翌年には、より小型になった「リサ2」が発売された。だが、リサもリサ2も大失敗に終わった。動作があまりに遅く、ほとんどのビジネスユーザーにとって高価すぎたのだ。リサ・シリーズは1985年に生産が打ち切られ、その4年後、売れ残った3000台近いリサが埋め立て地に葬（ほうむ）られた。

1984年1月、アップルは、使い勝手のいいデスクトップ・コンピュータ、「マッキントッシュ（通称マック）」を発売した。それまで、ユーザーは特別な「言語」を使ってコンピュータにコマンドを打ちこまなければならなかったが、マックにはグラフィカルユーザーインターフェイス（GUI）という機能が備わっているため、マウスを動かして矢印型の「ポインター」を画面上の「アイコン」に合わせ、クリックするだけで、コンピュータに必要な動作をさせることができた。GUIのおかげで、マックはコモドール社やタンディ社のパーソナルコンピュータを大きく引き離し、当初の目標売上台数を上回る勢いで売れた。発売から100日で、7万2000台が売れたのだ。後に、製品マーケティングマネージャーのバーバラ・コールキンは、「あのとき会社にもっと生産能力があれば、20万台は売れたはずです」と、『USAトゥデイ』紙に語った。

【時価総額】
株価に発行済株式数をかけた数値。企業の価値を評価する目安となる

【自社株購入権（ストックオプション）】
会社の従業員、役員、初期の投資者などが、決められた価格でその会社の株を売買できる権利。会社の業績がよいと株の時価は高くなり、売れば利益になるので、社員の福利厚生の一部として提供されることが多い

【ハードウェア】
データ処理に使われるもののなかで、実体のあるものという意味。おもにコンピュータ本体とその関連機器をさす。対になる言葉は、ソフトウェア

「コンピュータ業界におけるアップルのシェアは、
自動車業界における
BMWやメルセデスやポルシェのシェアよりも大きい。
だから、BMWやメルセデスにたとえられて当然だ」

——アップルの元CEO、スティーブ・ジョブズの言葉

マッキントッシュは、マウスで「ポイント＆クリック」
の操作ができる、初の主流コンピュータとなった

アタリ社製のゲーム機

## 忘れられた共同創業者

　アップルの創業者は、スティーブ・ジョブズとスティーブ・ウォズニアックのふたりだけではない。まだアップルⅠをつくりはじめてもいない頃、ふたりは、アタリ社のビデオゲーム設計技師でジョブズの元同僚のロナルド・ウェインに、共同経営者になってくれないかと頼んだ。ウェインはジョブズたちより20歳近く年上で、数年前にエンジニアリング関係の会社を興し、経営に行きづまって廃業するという苦い経験もしていた。ジョブズから、アップルが利益をあげたら必ずその10％を提供すると言われ、ウェインはこの新会社に加わった。そして、ロゴのデザインを手がけ、連日夜遅くまでビジネスプランを練った。だが、アップルを創業して2週間もたたないうちに、ウェインは手を引きたいと言い出し、10％の利益を放棄した。そしてアップルを去り、二度と振り返らなかった。アップルが莫大な利益をあげたときでさえ、その姿勢は変わらなかった。ウェインは言う。「アップルをやめたことを、少しも後悔したことはない。自分は、あの時点で知り得た情報をもとに、最良の決断をしたのだから」

【エンジニアリング】
一般には工学・工学技術をさすが、ここでは、コンピュータシステムを設計・構築し、問題を解決することを意味する

# 3 落ちたリンゴ

　マックことマッキントッシュは成功したものの、アップルは苦難の道を歩んでいた。ウォズニアックは1982年に会社に復帰したが、お気に入りのアップルⅡよりもマックのプロジェクトのほうが重視されているのを知って失望した。マック用のマウスに手を加えてアップルⅡ用に改良するなど、新たな技術を開発する使命を与えられたが、社内に居場所がないと感じていた。ウォズニアックは1985年2月にアップルを去り、二度ともどらなかった。

　一方、ジョブズは、社長で最高経営責任者(CEO)のスカリーがアップルの将来について展望(ビジョン)を欠いていると思っていた。だがスカリーのほうは、ジョブズが経営にあれこれ口を出しすぎると考えていて、1985年4月、ジョブズから経営上の一切の権限をはく奪する許

左からスティーブ・ジョブズ、ジョン・スカリー、スティーブ・ウォズニアック。1984年に撮影。このあとまもなく、3人は別々の道を歩むことになる

可を取締役会に求めたところ、承認された。ところが、ジョブズはスカリーから申し渡される前にその決定を知って、逆にスカリーを追い出そうと企てた。しかし、ある人物がすかさずジョブズの思惑をスカリーに伝えたので、スカリーはただちにジョブズからすべての権限を奪い、名目だけの会長の地位を与えた。1985年9月17日、ジョブズはアップルをやめて、「ネクスト」というコンピュータ会社を立ち上げた。

ジョブズを厄介払いしたスカリーは、アップル製品の売上高をのばすという任務に邁進した。とくにマックは、発売以来、売上がのび悩んでいて、てこ入れが必要だった。1980年代の半ばに、アップルはさまざまな点で前進を遂げたが、とくにふたつの飛躍的な前進が売上を増大させた。ひとつは、マックにアルダス製の「ページメーカー」という**ソフトウェア**を搭載し、アップル製のレーザーライター・プリンターと接続することで、**デスクトップパブリッシング**を簡単・手軽にできるようにしたことだ。もうひとつは、「マックプラス」の発売だった。この機種は、初代のマックよりも**ROM**の容量が大きく、**RAM**も1メガバイトあって、ユーザーが望めば4メガバイトに増やすことができた。

スカリーが製品開発とマーケティングに力を注いだ結果、アップルの売上は彼の社長在任期間(1983-93年)に飛躍的にのびた。1983年には6億ドルだったのが、10年後にはおよそ80億ドルとなったのだ。この数字には目を見張らされるが、その反面、スカリーの手がけたものがすべて成功したというわけでもなかった。

スカリー体制下での最大の失敗作のひとつは、アップル初のノートパソコン、「マック・ポータブル」だった。アップルは、1984年にマックを発売したすぐあとに、いずれこのコンピュータを本のサイズにまで小型化すると発表し、5年後にマック・ポータブルを発売した。小売価格5799ドルのマック・ポータブルには、フルサイズのキーボード、スピー

アップル

---

【ソフトウェア】
コンピュータに特定の動作をさせる命令や処理手順のまとまり。対になる言葉は、ハードウェア

【デスクトップパブリッシング】
デスクトップ・コンピュータで作成した書類を、写真製版や大型の印刷機などを使わずに、そのコンピュータに接続されたプリンターで印刷すること

【ROM】
データを永続的に保存する、読み出し専用メモリ

【RAM】
データを一時的に保存する、書きこみもできるメモリ

カー、そしてノートパソコン史上最も大きくて鮮明なフラットスクリーンがついていた。しかし、東芝やゼニスといった競合他社が販売している人気のノートパソコン（マックの強みであるGUIは搭載していないが）は重さが4.5キロ以下なのに対し、マック・ポータブルは7.2キロもあった。大きいから持ち運びに不便で、狭い空間では使いにくい——これが、マック・ポータブルがヒットしなかった主な理由のひとつだ。その後、マック・ポータブルを軽量化した「パワーブック」が1991年に発売され、テレビCMにバスケットボールの元スター選手、カリーム・アブドゥル・ジャバーが出演した。パワーブックはマック・ポータブルよりもはるかに人気を呼び、最初の1年で40万台以上が売れて、その年のアップルの収益に10億ドル以上も貢献した。

　マック・ポータブルが多くの問題点をはらんでいたために、アップルでは技術面での管理体制を大幅に見直すことになり、1990年、社長のスカリーは、エンジニアの経験がなかったにもかかわらず、自らを最高技術責任者に任命した。そしてすぐさま、携帯情報端末(PDA)の「ニュートン・メッセージパッド」の発売を最優先事項とした。しかし、1993年に発売された「ニュートン」は、開発に6年以上かかったにもかかわらず、セールスポイントの手書き文字認証機能が不安定であることなど、問題が多く、スカリーが期待した

マック・ポータブルは重かったが、購入者の多くは、
その使い勝手のいいOSを高く評価した

ほど売上はのびなかった。社内では、ニュートンを熱心に支持したスカリーの経営者としての手腕を疑問視する声もあがり、結局、ニュートンは1998年に生産が打ち切られた。

　スカリーは、問題のある製品の販売促進に取り組みつつ、パソコン市場での激化する競争にも対処していた。アップルにとって最大の競争相手は、ハードウェアメーカーではなく、ソフトウェアメーカーの巨人、マイクロソフトだった。マイクロソフトはアップルⅡのプログラム言語である「アップルソフトBASIC」を作成したほか、マック用のソフトウェアの開発にも携わっていた。1985年、マイクロソフトの社主のビル・ゲイツは、アップルに対し、独自のプログラミング言語の開発をやめるよう要求した。開発をやめない場合は、アップルソフトBASICの使用許可（ライセンス）を取り消すというのだ。スカリーはやむなく、ゲイツの要求をのんだ。すると、同じ年の後半にゲイツは、マイクロソフトが引き続きマック用ソフトウェアを開発する条件として、マックのGUIの技術を使用することを許可してほしい、と言ってきた。スカリーはマック用ソフトウェアの必要性を認識していたため、この契約書にもサインした。

　しかし、まもなくスカリーは、その判断を悔やむことになる。1988年、マイクロソフトは「ウィンドウズ2.03」という**オペレーティングシステム（OS）**を発表したが、これにはマックのGUIとよく似た技術が用いられていたため、画面もマックのものとよく似ていた。アップルは**著作権侵害**であるとして訴訟を起こしたが、判決はアップルにとって厳しいものとなった。アップル側が問題視しているウィンドウズ2.03の機能のうち、10項目を除く大多数の項目は1985年の契約によって正当化されるため、マイクロソフトは引き続きそれらの機能を使用できる、というものだった。アップルは控訴し、大金を費やして7年間にわたり法廷で争ったが、結局、判決がくつがえることはなかった。

**【携帯情報端末（PDA）】**
英語ではパーソナル・デジタル・アシスタント（PDA）という。手のひらサイズで、スケジュール、住所録、メモなどの情報を管理するための機器

**【オペレーティングシステム（OS）】**
システム全体を管理するソフトウェア。機器を基本的に管理・制御するための機能や、多くのソフトウェアが共通して利用する基本的な機能などを備えている

**【著作権侵害】**
ある個人または企業が、他の個人または企業の作品やアイデアを、相手の許可を得ずに使って利益を得るなど、著作権者の権利を侵すこと

1992年になると、スカリーは競争に勝つための絶え間ない闘いに疲れ、CEOの座から引退しようとしたが、取締役会に説得されてとどまった。だが、その1年後には、取締役会もスカリーの経営手腕に疑問を持つようになった。1993年6月18日、スカリーはCEOの座を退き、名目だけの会長の座にとどまった。そして3カ月後、アップルの第4四半期の収益が97％下落すると、会長の座からも退いた。

【四半期】
1年を3カ月ごと、4つに区切ったうちのひとつの期間。株式を公開している会社は、四半期ごとに事業データを発表しなくてはならない

「アップルは、どこか正常に機能していない感じのする企業だ。
最も成功しているときは傲慢で、
追いつめられるとすばらしく革新的になる」

——アップルの元CEO、ジョン・スカリーの言葉

ニュートン・メッセージパッドは、アップルが従来のコンピュータやソフトウェアの分野を越えて拡大していることを象徴する製品だった

## ウォズは、今？

スティーブ・ウォズニアック（通称ウォズ）は、アップルをやめたとき、二度ともどらないと決めていた。そして実際に、共同創業者のスティーブ・ジョブズとは違い、復帰することはなかった。ウォズニアックは、カリフォルニア大学バークレー校で電気工学とコンピュータ科学の学位を取得したほか、音楽フェスティバルを二度にわたって主催したり、時間も資産も惜しみなく使って学校におけるコンピュータ教育の向上に尽力したりした。また、いくつかのベンチャービジネスにも関わってきた。比較的最近では、ユタ州のソルトレイクシティを本拠地とするフュージョン・アイオー*という会社の主任研究員に就任している。フュージョン・アイオーは、コンピュータ・ユーザー向けにデータ保存用のメディアを開発している会社だ。ウォズニアックは今も電子機器をいじるのが大好きだが、新たな趣味も見出している。2009年には、「ダンシング・ウィズ・ザ・スターズ」というテレビ番組に、セレブの出場者のひとりとして出演した。ウォズニアックはダンスの経験がないことを認め、こう語っている。「何か今までと違う、変わったことをしたかったんだ。（他人とではなく）自分と競いあって、楽しもうと思ってね」

*2014年に、半導体メーカーのサンディスクに買収された

# 4 ジョブズの復帰

　スカリーと交代に最高経営責任者(CEO)になったのは、「ディーゼル(機関車)」の愛称で知られるマイケル・スピンドラーだった。スピンドラーは1980年に、ヨーロッパ担当マーケティングマネージャーとしてアップルに加わった。「ディーゼル」と呼ばれたのは、大柄で体格がいいのに加え、仕事への取り組みが非常にパワフルだったからだ。

　スピンドラーは、問題を解決したり目標を達成したりするためなら、24時間休みなく働くことで知られていた。その猛烈な仕事ぶりは、CEOになってからも変わらなかった。

　1993年にスピンドラーがCEOになったとき、パソコンの世界的な市場シェアを争っているライバルといえばIBMくらいで、アップルは世界で最も利益をあげているコンピュータ・メーカーだった。しかし、業界トップの座を維持するには改革が必要だと、スピンドラーは考えた。そこで、2500人の社員を解雇したほか、研究開発費を大幅に削減し、実を結びそうにないプロジェクトをいくつか中止した。

　その結果、アップルの業績は1年にわたって力強く成長しつづけた。同時に、企業**合併**の候補としての魅力も増した。より大きな企業と合併すれば、より多くの財政支援が期待

マイケル・スピンドラー(写真右。左はジョン・スカリー)はCEOとして、ヨーロッパ市場におけるアップル製品の売上をのばした

できる。しかし、IBMが1株40ドルで買収させてほしいと持ちかけてきても、スピンドラーは応じなかった。サン・マイクロシステムズからの合併の申し出も、好条件だったが断った。

スピンドラーが合併の申し出を断った理由のひとつは、1994年にビジネスユーザー向けに発売した高性能の「パワーマック」のおかげで、売上が2桁(けた)のびたことだった。動作の速いパワーPCプロセッサを搭載(とうさい)したパワーマックは、発売後10カ月で100万台売れた。そのためスピンドラーは、もう少し待てばアップルの株価が上昇して会社の価値も上がり、好条件で合併を果たせると、自信を持っていたのだ。

だが、当時、待っていたのはスピンドラーだけではなかった。大勢のユーザーが、注文したコンピュータが届くのを、首を長くして待っていた。アップルの首脳部が、1994年の年末商戦での売上の増加を少なく見積もりすぎたため、需要にこたえられなかったのだ。とくに、高性能のパワーマックは品薄だった。この年末商戦の失敗が尾を引いて、翌1995年6月には、入荷待ちの注文がほぼ50万台に達してしまった。

1995年には、悪いことが重なった。パワーPCプロセッサを搭載した初のノートパソコン、「パワーブック5300」が、文字通り火を噴いたのだ。今か今かと待っているユーザーのもとへ最初の1000台が出荷された直後、2台が火を噴いた。1台はアップルのプログラマーの家で、もう1台はシンガポールの工場で。パワーブック5300の電源であるリチウムイオン電池が、充電中に過熱(オーバーヒート)して爆発したのだ。アップルはただちに製品を回収(リコール)したが、その評判はすでに地に落ちていた。

同様に、CEOであるスピンドラーの評判も地に落ちた。彼は1996年に退任させられ、かわりに取締役会のメンバーだったギルバート・アメリオがCEOとなった。アメリオはジョージア工科大学で物理学の博士号を取得しており、電子工学および技術の特許を16も

アップル

【合併】
ふたつ以上の会社が契約によってひとつになること

【サン・マイクロシステムズ】
カリフォルニア州サンタクララに本社を置いていた、1982年創業のコンピュータ製造・ソフトウェア開発・ITサービスなどの会社。2010年にソフトウェア会社のオラクルに吸収合併された

【リチウムイオン電池】
持ち運びできる電子機器の多くに使われている、充電式電池

1990年代初頭、学校は、アップルをはじめとするコンピュータ・メーカーにとって魅力的な市場となった

持っていた。だが、トップが交代したにもかかわらず、アップルは、創業20周年を迎えた1997年、第1・第2四半期合わせて、7億4000万ドルの損失を計上するに至った。主な原因のひとつは、約2800人の従業員を一時解雇した後の社内再編に費用がかさんだことだった。しかし、アメリオは、そうした悪いニュースが続くなか、アップルの将来を長期的に大きく左右する契約をまとめた。創業者のスティーブ・ジョブズが経営するネクストを買収し、ジョブズをアップルの顧問として再び迎え入れたのだ。

　以後、ジョブズのアップルへの影響力が急速に増していった。7月6日には、取締役会の一員であるエドガー・ウーラードが、別荘で週末を過ごしているアメリオに電話して、辞任するよう求めた。そして、取締役会はジョブズに、空になったCEOの座を埋めてほしいと要請した。これは大半の人々の予測どおりだった。ジョブズはこの申し出に応じなかったが、新たなCEOが見つかるまでアップルの経営に深く関わることに同意した。

　ジョブズが復帰後にまず行ったことのひとつは、取締役会の長年のメンバー数人に辞任を促したことで、そのなかには創業当時からただひとり、ずっと取締役をつとめていたマークラもいた。だが、もっと世間を驚かせたことがある。アップルはソフトウェアの開発でマイクロソフトと協力していくことに合意したと、ジョブズが発表したのだ。ボストンで行われたマックワールド・エキスポで、この発表を聞いた聴衆がブーイングを始めると、ジョブズはこう言ってたしなめた。「アップルが勝利するにはマイクロソフトに負けてもらうしかないという考え方は、もう捨てなくてはならない」

　その言葉を裏づけるかのように、アップルの業績はたちまち好転しはじめた。暫定CEO

に就任したジョブズは、アップルの収益を向上させるための施策を次々と打ち出した。そのひとつが、1997年、オンラインの「アップルストア」を開設したことだ。カスタマイズしたマックをアップルストアで売り出したところ、最初の30日間で1200万ドル以上に相当する注文が殺到した。また、同じ年に、全米一のコンピュータ販売店、コンプUSAが、148の全店舗にアップル製品のコーナーを設けることに同意した。やがて、マックの新しいOS（GUIをベースにした、使い勝手のよいもの）とグレードアップしたパワーマックが好調な売れ行きを見せると、ジョブズは自信を得て、こう発表した。アップルはここ数年赤字だったが、1998年の第1四半期には利益を計上する見込みだ、と。

ジョブズのアップル復帰を最も強く印象づけたのは、1998年5月6日にiMac G3が発売されたことだった。当時、パソコンの平均価格は1300ドルだったが、アップルには手頃な価格の機種がなく、ジョブズはかねてから、2000ドル未満の製品を消費者に提供する必要があると主張していた。そして、少人数のエンジニアのグループに「今までとまったく違う」パソコンを考案するという任務を与えたのだ。グミキャンディーを大きくしたような形のiMacは、パワーもメモリも十分で、インターネットを快適に使える仕様を備えていた。デザイン的にも、透明なブルーのボディが美しく、価格はわずか1299ドルだった。iMacは、発売から6週間で27万8000台売れた。これは、マックの歴代の機種のなかで最速の販売記録となった。

[暫定]
ここでは、正式な後任者が見つかるまで、一時的にその地位についていることを意味する

マイクロソフトの社主、ビル・ゲイツとアップルとの関係は複雑だった。ゲイツはライバルでもあり、パートナーでもあった

「新たな基準(スタンダード)をつくるには……まったく新しいもの、
人々の心をとらえて離さないものが必要だ。
マッキントッシュは、私が見てきたあらゆるコンピュータのなかで
唯一、そのレベルに達している」

——マイクロソフトの社主、ビル・ゲイツの言葉

## 産業デザインの重要性

　アップルの iMac は、フロッピーディスクドライブのついてない、初のデスクトップ型コンピュータだった(将来的にインターネットの重要性が増し、ディスクへの依存が減ることを見越した結果といえる)。iMac はまた、アップルの新製品としては久しぶりに、求めやすい価格(わずか 1299 ドル)で売り出された。しかし、何より注目を集めたのは、その外見だ。それまでのデスクトップ型コンピュータのボディは、たいてい地味なベージュ系で、形も四角いものがほとんどだった。ところが、iMac のプラスティック製のボディは丸みをおび、透明で、キャンディみたいな色をしていた。このデザインを考えついたのは、当時 32 歳だったジョナサン・アイブだ。彼は iMac のデザインチームのリーダーで、その後、チタニウムボディのパワーブックや、iPad、iPhone のデザインチームでもリーダーをつとめた。他のコンピュータ・メーカーが自社製品のデザインを評価する際、アップル製品を指標とするようになったのは、アイブの力によるところが大きい。アイブはその功績によって、産業デザイナーにはめったにないほどの注目を浴びた。彼は言う。「デザイナーとして、今、アップル以上に面白い仕事ができる職場はないでしょう」

## 5 「i」シリーズの成功

iMacの成功を皮切りに、アップルはすぐれた新製品を続々と発売した。そのひとつが、iMacをそのまま平らにしたようなノートパソコンのiBookだ。iBookはiMacと同じくらいよく売れた。おかげで、アップルは再び安定した利益をあげられるようになった。

2000年1月5日、マックワールド・エキスポに集まったマックの忠実なファンに、最高の知らせがもたらされた。スティーブ・ジョブズが基調講演の最後にさりげなく、「今日はうれしいご報告があります。わたしの最高経営責任者(CEO)の肩書から『暫定』が取れました」と言ったのだ。聴衆の「スティーブ、スティーブ、スティーブ」という連呼が、数分間やまなかった。

暫定CEOだったあいだ、報酬をいっさい受け取らなかったジョブズに対し、アップルの取締役会は感謝のしるしに、1000万株(当時、8億7200万ドルに相当)の自社株購入権(ストックオプション)と、ガルフストリームV型飛行機(約8800万ドル)を贈った。その際、取締役のひとりであるエドガー・ウーラードが、「暫定CEOだった期間、彼が株主のために遂行したすばらしい仕事を称え、この飛行機を謹んで贈呈いたします」と述べた。

話術に長け、営業センスも抜群のスティーブ・ジョブズは、1996年にアップルに復帰し、その復興を指揮した

2000年には景気が低迷しはじめて、コンピュータ業界全体が業績不振に陥った。アップルも2001年の第1四半期に、3年ぶりに赤字を計上したが、前進の勢いが鈍ることはなかった。この年、アップルは全米に25店舗の「アップルストア」をオープンした。そして10月には、その後数年間の方向性を決める革新的な製品を発売した。携帯型メディアプレーヤーの「iPod」だ。

　当時、ソニー、サムスン、フィリップスといったメーカーがすでに **MP3プレーヤー**を発売していたが、その多くは500曲ほどしか保存することができなかった。それに対し、**5ギガバイト**の容量を持つiPodは、CDの楽曲を約1000曲、すばやくダウンロードして保存することができた。最初のiPodはマック・シリーズのコンピュータでしか操作できなかったが、翌2002年以降に発売された新モデルのiPodはいずれも、マイクロソフトのWindowsでも操作できるようになっていた。iPodは大人気を呼び、2003年の半ばまでに100万台以上が売れた。

　iPodの成功によって、アップルは収益をマック・シリーズのコンピュータだけに頼らなくてもよくなったが、コンピュータの性能はたゆまず向上させつづけた。2002年には、デザインを一新した「iMac G4」を発売した。このモデルには15インチの液晶ディスプレイがついていて、従来の機種よりも鮮明な画像が得られた。2003年には、パワーブックG4を2機種、新たに発売した。この年にはほかにも、動画・写真・音楽を個人で簡単に作成し管理できる総合ソフトウェア製品の「iLife」を発売したほか、アップル初のウェブブラウザ、「Safari」を発表した。だが、最大の冒険的事業は、再び音楽の分野で成し遂げられた。2003年4月28日に、「iTunesストア」をウェブ上に開設したのだ。これにより、顧客は**デジタル版**の20万曲以上のなかから好みのものを1曲99セントで購入し、ダウンロー

---

【MP3プレーヤー】
MP3形式のオーディオファイルを再生する電子機器。MP3とは、広く使われているデジタルの音声圧縮方式

【ギガバイト】
コンピュータで扱われるデータの量の大きさを表す単位。1ギガバイトは1024メガバイト、または10億バイトに相当する。アップルのデスクトップ・コンピュータのハードドライブは、500ギガバイトから2テラバイト（1テラバイトは1024ギガバイト）の記憶容量を持つ

【デジタル版】
ここでは、音声や画像を電子記号に変換する技術を使って録音されている、という意味

ドできるようになった。

　iTunes ストア開設にあたっては、あらかじめ世界の5大レコード会社であるBMG、EMI、ソニー・ミュージック・エンタテインメント、ユニバーサル、ワーナーの協力を取りつけていた。ただ、曲が売れても、すぐにはアップルの利益につながらなかった。レコード会社に印税と手数料を支払うと、アップルに入ってくるのは1曲あたりわずか2、3セントだったのだ。しかし、iTunes ストアで曲を買えるとなれば、そこで買った曲をダウンロードして聴ける機器はiPodだけなのだから、iPodの売上が飛躍的にのびるはずだと、アップルは期待していた。この戦略は見事に当たり、iPodは2009年までに2億2000万台以上も売れて、あっという間にMP3プレーヤー市場のベストセラーとなった。

　iPodが一大ブームを巻き起こしたのに続いて、アップルは2007年1月、待望の「iPhone（アイフォーン）」を発売した。すっきりしたデザイン、タッチパネル式の画面、インターネット機能、iPodと同様の楽曲の保存など、数々の魅力を備えたiPhoneは、たちまち携帯電話のユーザーの

【印税】
楽曲などを使用する際、著作権者（作曲家など）に支払われる代価。通常は、その楽曲などを売って得た収入の何％かが支払われる。ロイヤルティともいう

2001年10月から2010年9月までのあいだに、アップルは22機種のiPodを世に送り出した

あいだで人気を獲得した。発売から200日以内に世界中で400万台以上が売れたと、ジョブズは発表した。

　ジョブズのリーダーシップのもと、革新的な製品を続々と売り出したことで、アップルの財政状況も大きく変わった。2003年から2006年のあいだに、株価が6ドルから約80ドルにまで上昇したのだ。さらに、iPodとiPhoneの成功に勢いを得て、2009年末には株価が200ドルを超えた。

　クパティーノにあるアップル本社から発信された唯一の悪いニュースは、かねてから癌の診断を受けていたジョブズが、2009年の初め、治療のため6カ月間休職すると発表したことだった。ジョブズは肝臓移植手術を受け、その年の秋にはやる気満々で仕事に復帰した。9月に、復帰後初めて公の場に姿を見せたとき、彼はこう語った。「またこうしてまっすぐ立てるようになり、アップルに復帰できて、毎日がとても楽しいです。すばらしく有能な複数のチームと仕事をして、今後もすばらしい新製品を生み出していきます」。その時点で進行中だったプロジェクトのひとつが、タッチパネル式のタブレット端末「iPad」で、2010年4月に499ドルで発売された。iPadは、見た目といい、操作に対する反応といい、大型のiPhoneという印象で、発売初日に30万台が売れた。ジョブズは将来の新製品については発言をひかえたが、アップルはOSと主力製品の性能向上に努めた。会社にとっては不運なことに、ジョブズ*はその後も繰り返し健康不安に見舞われ、2011年1月には、再び休職することを余儀なくされた。

　創業から30余年、アップルは世界で最も革新的な企業のひとつとして知られてきた。信じがたいほどの成功をおさめた時期もあれば、ときに判断を誤って存続があやぶまれたこともあった。常に技術革新をリードしてきたが、出来の悪い製品をやむなく葬ったことも何度かある。コンピュータ好きの青年ふたりが始めた無名の会社は、今や、創造性と最先端技術で知られる国際的なブランドに成長した。

*2011年10月5日、パロアルトの自宅で、すい臓癌の転移による呼吸停止により死亡した。56歳だった

「iPodに出会う前はどうしてたのか、うまく思い出せない。
iPodは単なる音楽プレーヤーを超えた、人格の延長みたいなもの。
そして、好みの音楽をどこへでも持っていける、すばらしい道具よ」

——グラミー賞受賞歌手、メアリー・J・ブライジの言葉

iPadにはSafari、iTunes、YouTubeなど、人気の機能が
搭載されており、たちまち2010年のヒット商品となった

1998年のアップル社の大型広告

## 「ぼくはマック」

　2006年に、アップルは「マックを買おう」という宣伝キャンペーンを開始した。それは、最大のライバルであるソフトウェアメーカーの巨人、マイクロソフトが開発したOS、Windowsで動くパソコン(PC)に対抗するものだった。コマーシャルでは、若手コメディ俳優のジャスティン・ロングが「マック」として登場し、年上のコメディアン、ジョン・ホッジマンが演じる「PC」とのかけあいを通じて、PCの欠点とマックの強みを浮き彫りにしてみせた。このコマーシャルにはいくつものバージョンがあった。たとえば、「PC」のホッジマンがバザーで焼き菓子を売っていて、「マック」のロングに打ち明ける。マイクロソフトのWindowsシリーズの最新OS、「Vista」の問題点を解決するために資金集めをしているんだ、と。別のバージョンでは、ホッジマンが腕と足にギプスをつけて車椅子で登場し、けがの原因を説明する。わたしの電源コードにだれかがつまずいて、その拍子にわたしは机から転げ落ちてしまったんだ、と。すると、ロングはすかさず、ぼく(アップルのノートパソコン)の場合、電源コードがマグネット式だから、つまずいてもすぐに外れて安全だよ、と宣伝する。マイクロソフトはこれに対抗して、2008年に「ぼくはPC」という広告キャンペーンを行った。そのコマーシャルでは、マイクロソフトのユーザーたちが胸を張って、「ぼくたちはPC」だと主張した。

〈2011年以降の主な動き・トピックス〉
- 2011年　ジョブズ引退、死去。最高執行責任者(COO)のティム・クックがCEOに就任
iPhone 4S、iOS5、iCloudの提供を開始
アーサー・レビンソンが取締役会長に。ウォルト・ディズニー・カンパニーのロバート・アイガー社長がアップルの取締役に就任
- 2014年　IBMとパートナーシップを締結
- 2015年　Apple Watchを発売／Apple Musicのサービスを開始

# 第5章
# グーグル

2004年8月19日の朝、9時30分。ラリー・ペイジは、ニューヨークのナスダック株式市場で取引開始のベルを鳴らした。そして数時間後、31歳のペイジは、共同経営者で30歳のサーゲイ・ブリンとともに、億万長者になっていた。ふたりが6年前に設立したインターネット検索エンジンの会社、グーグルの株式がこの日公開されて、取引終了のベルが鳴るまでに公開株が16億7000万ドル分も売れたのだ。若き企業家、ペイジとブリンが大喜びしたのはいうまでもない。ふたりが開発した検索エンジンの Google は、ウェブ上で情報検索をする無数の人々に愛用され、検索技術のトップランナーとしてすでに世界的に有名になっていた。そして今や、グーグルは株式公開会社として、投資家から巨額の資金を集めることができる。ふたりにとって、それは、さらなる技術革新のための資金が大幅に増えるということだった。

# 1 はじまりは スタンフォード大学

　1995年春、22歳のラリー・ペイジは、カリフォルニア州パロアルトのスタンフォード大学を訪れた。有名なコンピュータサイエンス学科の博士課程に入学を許可され、オリエンテーションに参加したのだ。このときキャンパスを案内してくれたのが、サーゲイ・ブリンだった。ブリンはペイジよりも年下の21歳だが、2年前から大学院で学んでいた。ふたりとも聡明で好奇心にあふれ、大の議論好きだったため、やがて意気投合した。

　その年の秋、ペイジがスタンフォード大学の博士課程に入学して、ふたりの親交は深まった。年が明けるとすぐ、コンピュータサイエンス学科の学生と教職員は全員、新しい校舎に移った。その建物は、マイクロソフト社の会長、ビル・ゲイツ\*から600万ドルの寄付を受けて建設されたため、「ウィリアム・ゲイツ・コンピュータサイエンス棟」と呼ばれていた。ペイジとブリンは移転後すぐに、博士論文のテーマにすることも視野に入れて、あるプロジェクトを共同で始めた。ワールドワイドウェブ（www）をまるごとダウンロー

スタンフォード大学は、1万4000人以上が学ぶ私立の名門大学

ドしたうえで、リンクを利用して効率よく検索を行う方法を編み出すというものだ。ある特定のサイトに向けてリンクがいくつ張られているかによって、そのサイトの人気度や重要度がわかるはずだと、ペイジは考えた。そして、リンク数によってウェブページを順位づけするこのシステムを、自分の名前にひっかけて「ページランク」と呼んだ。

　このページランクをもとに、ペイジとブリンは1997年の初めまでに検索エンジンを開発し、BackRub（バックラブ）と名づけた。バックラブのホームページの最初のロゴは、ペイジの左手をスキャナに乗せて撮った白黒の画像だった。やがてふたりは検索エンジンの名前をGoogle（グーグル）に変えるが、このときもロゴは、まっ白の背景に原色で文字をつづった安上がりなデザインにした。スタンフォード大学のデニス・アリソン教授はこう述べている。「デザイン会社に依頼したら、こうはならなかったでしょう。Googleのホームページにはアニメーションもなく、派手なメタリックカラーも使われていない。音が出たり光ったりもしない。人は音を聞きながら答えにたどりつくのが好きだという通説を、完全に無視したのです」

　1997年には、アリソン教授を含め、スタンフォード大学の学生、教職員、理事らの大半が、Googleという検索エンジンのすばらしさを知ることになった。www.google.stanford.eduにアクセスして、Googleを使えるようになったのだ。ペイジとブリンは大量のウェブページをコンピュータにダウンロードしてデータベースをつくっていたが、そこにユーザーがアクセスしはじめると、彼らが検索しそうなあらゆる情報を蓄えておくために、より多くのハードウェアが必要になった。しかし、大学院生のふたりには、新しいハードディスクドライブを買う資金がない。そこで、安いパーツを買ってきて自分たちでコンピュータをつくったり、大学内の荷物の搬入口のあたりをぶらついて、企業からの寄贈品

グーグル

【ナスダック】
コンピュータネットワークを使用したアメリカの株式市場。インターネットおよびIT関連企業が多数参入している

【検索エンジン】
インターネット上の情報をさがし出すことを主な機能とするプログラム

【ワールドワイドウェブ（www）】
文字、画像、動画などを一体化した情報を、インターネット上で公開・配布したり、入手・閲覧したりできるシステム。世界中にクモの巣（ウェブ）のようにはりめぐらされた情報ネットワークであることから、この名がついた

＊正式名はウィリアム・ヘンリー・"ビル"・ゲイツ3世。アメリカを代表する実業家であり、技術者

など、「借りる」ことのできそうなコンピュータをさがしたりした。クレジットカードを限度額まで使って、大容量の**ディスクストレージ**を買ったりもした。そして、ほかの学生たちと共同で使っている研究室が手狭になると、学生寮のペイジの部屋をデータセンターにしてしまった。

　それでも、わずかな資金で検索エンジンを運営しつづけるのは困難だった。資金難を解決する一番の方法は、自分たちの検索技術を企業に使ってもらう、つまりライセンス契約を結ぶことだと、ふたりは考えた。時は1998年、情報テクノロジー（IT）関連の企業は続々と誕生しており、アルタビスタ、エキサイト、ヤフー！といった企業が候補にあがった。しかし、交渉は実を結ばなかった。どの会社も、検索エンジンを改良するより、広告で収益をのばすことのほうを重視しているようだった。

インターネットが急速に普及しつつあった1990年代後半、ラリー・ペイジとサーゲイ・ブリンは独自の検索エンジンを開発した

ペイジとブリンは、自分たちの"製品"を大学外の人々がほしがらないとわかっても、あきらめず、それならもっといいものにしようと決意を新たにした。家族や友人に手紙を送り、ぜひこの検索エンジンを使ってみて、どう改良すべきか意見を聞かせてください、と訴えた。あらゆる知人に、グーグルのサイトのことを口コミで広めてくださいと頼んだ。その一方で、Googleの見た目や使い勝手がよくなるように、絶えず細かい改良を加えていった。たとえば、検索結果ひとつひとつに短い要約をつけて、どれが求めているものにいちばん近いか、ユーザーがすばやく判断できるようにした。

　1998年の夏が終わる頃、ペイジとブリンのデータベースには2400万のウェブページが集められ、さらに増えつづけていた。だが、資金のほうは一向に増えなかった。そんなとき、指導教授のひとりが、アンディ・ベクトルシャイムという人物に引き合わせてくれた。ベクトルシャイムはサン・マイクロシステムズの創業者のひとりで、**シスコシステムズ**の副社長でもあった。そしてすでに、多くの有望な新興企業に多額の投資をしていた。1998年8月のある朝、ペイジとブリンはベクトルシャイムに会って、自分たちが開発した検索エンジンについて説明し、実際に検索を行ってみせた。それから、収入を得るためには、他のIT企業とライセンス契約を結んで検索技術を提供するか、いっそ大企業に検索技術を売ってもいいと思っている、という話をした。ベクトルシャイムはいたく感心し、「ここ何年かで耳にした最高のアイデアだ。ぜひ協力したい」と言った。

　そして、10万ドルの小切手を、その場で「グーグル社」あてに切ってくれたのだ。じつはその時点で、グーグルという会社は存在すらしていなかった。ペイジはその小切手を机の引き出しにしまって、とりあえずブリンとバーガーキングで朝食をとって祝った。その後、9月7日にようやく会社設立の手続きを終え、銀行口座を開設した。一方、ベクトルシャイムは、ペイジたちと会ったあと、車を運転して帰りながら、この投資は実を結ぶだろうか……と考えていた。後に回想して、こう語っている。「あのふたりの若者が開発した

---

【ディスクストレージ】
ディスク状(円盤型)の記憶媒体を使用してデータを記録するタイプの記憶装置。ハードディスクやフロッピーディスク、CD-ROM、DVD-ROMなど

【シスコシステムズ】
1984年創業の、アメリカのコンピュータネットワーク機器開発会社

検索エンジンを何百万人もの人が使うようになれば、積もり積もって利益を生むかもしれない、と頭のすみで考えた。だが、これほど大きなビジネスになろうとは、当時は思いもしなかった。だれも予測していなかったよ」

**「グーグルは型どおりの会社ではありません。
そうなるつもりもありません」**

——共同創業者のひとり、ラリー・ペイジの言葉（2004年、株式公開の際に発表された株主への手紙より）

アンディ・ベクトルシャイム。ペイジやブリンと同じくスタンフォード大学の出身で、グーグルの将来性にいち早く注目した人物のひとり

グーグル

### Google の由来

　Google という名称は、つづりのちょっとした間違いから生まれた。1997 年の秋、ペイジとブリンは自分たちが開発した検索エンジンの名称を「バックラブ」から新しいものに変えようと思い、次々と案を出しあったが、どれもぴったりこなかった。そんなとき、同じ研究室を使っている大学院生のショーン・アンダーソンが、「googleplex（グーグルプレックス）はどう？」と言った。この単語、じつはつづりが誤っていて、正しくは googolplex（グーゴルプレックス）、10 をグーゴル乗した数を表す言葉だ（グーゴルとは 10 を 100 乗した数で、1 のあとに 0 が 100 個並ぶ）。アンダーソンは続けた。「検索や索引づけによって、みんなが膨大な量のデータを整理できるようにしたいんだろ？　グーグルプレックスはとてつもなく大きな数だから、ぴったりだ」。するとペイジが、Google（グーグル）だけでもいいんじゃないか、と言った。さっそく調べると、Google は**ドメイン名**として使用可能だったので、この名称を登録し、研究室のホワイトボードに google.com と走り書きしておいた。翌朝、別の研究室仲間がメモを残していた。「つづりが違う。正しくは Googol だよ」と。

【ドメイン名】
コンピュータネットワークまたはウェブサイトのアドレスの役目を果たす、単語や記号

# 2 動き出した検索エンジン

　グーグルの最初の「社屋」は、カリフォルニア州メンローパークにある住宅のガレージだった。1998年の秋に、ペイジとブリンは大学での研究をあきらめて、検索エンジンのビジネスに専念することに決め、友人の家の広いガレージといくつかの部屋を月1700ドルで借りたのだ。ふたりはそこが気に入っていた。友人宅で洗濯機も乾燥機も使わせてもらえたし、ときにはジャグジーつきの広い浴槽につかってくつろぐこともできた。

　ところが、5カ月もすると、そのガレージでは手狭になってしまい、1999年の初めにはパロアルトの中心部の自転車店の2階に移った。ペイジとブリンはそこで、8名の従業員とともに、検索エンジン、Googleの改良に一丸となって取り組んだ。その頃には、Googleが扱う検索クエリの数は、1日あたり50万件近くにのぼっていた。

1998年から99年にかけてグーグルの本社が置かれていたガレージ

Google.comは新聞の特集記事や雑誌にも取り上げられるようになり、『PCマガジン』誌の「1998年度ウェブサイトおよび検索エンジン トップ100」にランクインしていた。顧客も1社、獲得した。ソフトウェア会社のレッドハットと、検索技術のライセンス契約を結んだのだ。だが、資金が底をつきかけていた。資金なしでは検索技術を高めることができず、会社の発展がとだえてしまう。そこでペイジとブリンは、ベンチャーキャピタルから資金を調達しようと考えた。

　そして調査の末、最も定評ある2社と交渉を始めた。1社はクライナー・パーキンス・コーフィールド・アンド・バイヤーズ、もう1社はセコイア・キャピタルで、ともに本社はサンフランシスコ近郊のハイテク企業の聖地（メッカ）、シリコンバレーにあった。両社とも、グーグルの若き創業者たちの技術力と長期的なビジョンはもちろんのこと、その熱意と人柄にも感銘（かんめい）を受けて、1999年の春、総計2500万ドルの資金提供をする用意がある、と回答してきた。ただ、どちらも単独での出資を望んでいた。一方、ペイジとブリンは、2社から同時に資金提供を受けたいと考えていた。1社のみだと、出資者の影響力が強くなりすぎて、自分たちの思うように会社を運営できなくなる恐れがあると考えたのだ。そこで、2社とも失う危険はあったものの、「共同で出資していただけるのでなければ、この話は終わりにしたい」と両社に告げた。

　クライナー・パーキンスもセコイア・キャピタルも、この有望な投資のチャンスを逃したくはなかったと見え、最終的には共同で出資することに合意した。2社はグーグルに1250万ドルずつ出資して取締役をひとりずつ送りこむが、ペイジとブリンは自社株を過半数保有し、経営権を保持する。ふたりに示された唯一の条件は、「経験豊かな経営幹部を雇って営業面を指揮してもらうこと」で、ふたりもその意義を認め、同意した。

　資金が一気に増えたので、ペイジとブリンは優秀な人材を積極的に採用できるように

【検索クエリ】
ユーザーが検索時に入力する単語・フレーズ（複合語）のこと

【ベンチャーキャピタル】
有望な新興企業に投資する会社で、そのかわりに、その企業の持ち株を要求する。投資する資金そのものをさすこともある

なった。もっとも、以前からIT業界内の友人たちに、うちの会社に来ないかと打診してはいた。自社株購入権(ストックオプション)と無料の飲み物・スナックを提供するし、自分が開発に携わったソフトウェアを何百万人もの人が使って、そのよさを認めてくれるという満足感が味わえるよ、と。かつては給料を払えるかどうかが問題だったが、もうその心配もなくなったのだ。

しかし、社員もコンピュータも増えるにつれて、パロアルトのオフィスは狭苦しくなり、デスクを離れようと思ったら、まわりの同僚に椅子を引いてくれと頼まなければならないほどだった。そこで、1999年8月には、マウンテンビューの広いオフィスに移転した。その頃には、巨額の利益をあげていたインターネット関連企業のなかにも業績が悪化して倒

サンフランシスコの南に位置するシリコンバレーには、
世界有数のコンピュータ関連企業の本社が集まっている

産する会社が続出していたが、グーグルは順調に成長しつづけた。

1999年が終わる頃、グーグルが扱う検索数は、1日平均700万件という驚異的な数字に達したが、ペイジとブリンはまだ、それを収入に結びつけるよい方法を見出せずにいた。サイトに他企業の広告を載せれば、問題はたちまち解決するだろうが、それでは「邪悪になるな(Don't be evil)」という社是に反する。ふたりは、利益ばかりを追い求める他社とは一線を画したいと望み、このモットーを貫いてきたのだ。検索結果は決して広告の影響を受けてはならないと、信じていた。だが一方で、検索内容に合った「ターゲット広告」を検索結果のページに載せる価値はあるかもしれない、と考えはじめてもいた。

結局、ふたりがたどりついた解決策は、「スポンサード・リンク」という文字だけのシンプルな広告を売る、ということだった。スポンサード・リンクは検索結果の右側に載せて、検索結果と同様、上から重要度の高い順に並べる。その順番は、ある計算式によって決まる。広告主が広告料をいくら払う用意があるか(広告権は1クリックにつき5セントから始まるオークション形式で販売される)、そしてその広告が実際に何度クリックされたかを、バランスよく盛りこんだ計算式だ。結果的に、人気のある広告ほどページの上のほうに押し上げられることになった。

2000年の半ばには、広告料がグーグルの安定した収入源となっていた。しかし、ペイジとブリンにとってより重要な出来事は、6月、ヤフー！との提携を発表したことだろう。インターネット関連の巨大企業、ヤフー！に、検索結果を提供することになったのだ。この提携により、Googleという検索エンジンはヤフー！の何百万人ものユーザーに広く知られたうえ、ある種の信頼も獲得したのだった。

ヤフー！との提携を発表した週に、グーグルは、ウェブサイトの索引データが10億ページを超えたことも発表した。Googleは世界最大の検索エンジンとなったのだ。もちろん、世界最速の、最適な検索を行うエンジンであることはいうまでもない。ラリー・ペイジはこう述べた。「Googleは現在、高さ113キロメートルの書類の山に相当する情報を、0.5秒以下で検索することができます。これはかなり画期的なことだと思います」

「失敗を恐れてはいけない。
つまずきながら歩めば歩むほど、
価値あるものを見出す可能性が高まる。
コンピュータサイエンスの世界には、金目当てではなく、
好きで仕方ないという人だけが進むべきだ」

——グーグルの創業者のひとり、サーゲイ・ブリンから学生たちへのアドバイス

本当は巨大だが一見シンプルなグーグルの検索エンジンは、
2000年までに膨大な数のユーザーを獲得していた

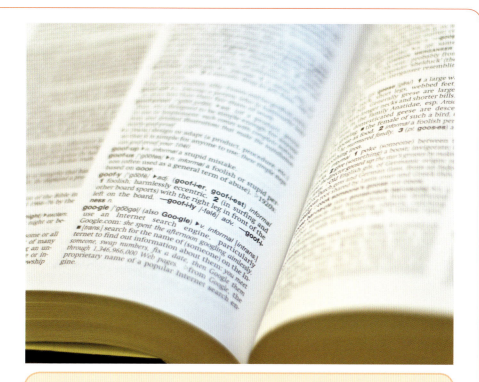

## 「グーグル」の動詞化

　グーグルの創業者ふたりは、社名(開発した検索エンジンの名前でもある)にとてつもなく大きな数を表す言葉をあてて、自分たちの持つ膨大な量の索引データを表現したが、それ以外の意図はなかった。ところが、検索エンジンのユーザーは「グーグル」という言葉をたちまち動詞として使いはじめ、レストランを、学校を「ググる」ようになった。クラスメートやデート相手や、雇用主となるかもしれない人物までもググった。2006年には、ふたつの辞書出版社がこの動詞化を公にした。メリアム・ウェブスター社はgoogleを他動詞として掲げ、「検索エンジンのGoogleを使ってウェブ上で(人物等に関する)情報を得ること」と定義した。『オックスフォード英語大辞典』にも動詞として収録されたが、最初のGが大文字でGoogleと表示された。メリアム・ウェブスター社の共同編集者兼構成部長のトマス・ピトニアックは、こう語る。「名詞が動詞化することは珍しくありませんが、Googleはまれに見るケースです。ウェブ検索の世界であまりに有名になったため、みんなが自然に動詞としても使うようになったのです」

【ググる】
「グーグル」が日本で動詞化されることによりできた言葉。英語では、「He googled the restaurant」のように使う

# 3 驚異的な成長

　創業から3年足らずで、グーグルは驚異的な成長を遂げた。2001年の初めには、扱う検索の数が1日あたり1億件、1秒あたり約1万件を超えていた。また、ユーザーがより手軽に快適に検索できるよう、無線接続のインターネットプロバイダー数社と提携して、携帯電話などでも検索機能が使えるようにしていた。2001年の第4四半期には、年間利益が累計で700万ドルに達し、決算は初の黒字となった。

　しかし、ペイジとブリンは、資金を提供してくれたベンチャーキャピタルとの約束を果たしていなかった。営業面を指揮する最高経営責任者（CEO）を、まだ雇っていなかったのだ。クライナー・パーキンスの共同経営者のひとり、ジョン・ドーアの紹介で数人の候補者に会ってはみたが、そのたびに何かしら理由をつけて採用を見合わせていた。だから

2000年頃から、グーグルはその技術をワイヤレス機器でも使えるようにしてきた

2000年の暮れに、サン・マイクロシステムズの元最高技術責任者、エリック・シュミットがグーグルの本社に来たときも、また断ることになるだろうと思っていた。一方、シュミットのほうも、97年からCEOをつとめるソフトウェア・メーカー、ノベルの合併問題で忙しかったため、グーグルの検索エンジンにもCEOの地位にもあまり興味はなかった。ところが、いざ会ってみると、双方にとって驚きの展開が待っていたのだ。

ペイジとブリンが、ノベル社でシュミットの下した戦略決定の一部を痛烈に批判するとシュミットも反論した。ペイジとブリンはそうした知的論争が大好きなので、シュミットが去る頃には彼をすっかり気に入っていた。後日、彼に電話をして、「わが社に興味を持っていただけましたか？」とたずね、自分たちが彼に興味を持ったことも伝えた。「今はまだいいのですが、いつかあなたが必要になると思います」とペイジは言った。

その「いつか」はすぐにやってきた。2001年8月、シュミットはグーグルのCEO兼会長に就任し、若く創造性あふれる社風のグーグルで厳しい教育係のような役割をになうことになった。たとえば、彼が驚いたことに、この会社では財務記録や給与管理に依然として小規模事業主用のソフトウェアを使っていたため、それをやめさせて、何百万ドルも利益をあげている企業にふさわしいシステムをすみやかに導入した。

ときには、シュミットのビジネス感覚がペイジたちの野心と衝突することもあった。その最たるものが、大手のインターネットサービス会社、アメリカ・オンライン（AOL）との提携をめぐる意見の対立だった。GoogleをAOLの公式検索エンジンにするという契約締結を前にして、AOLはグーグルに対し、自社株購入権（ストックオプション）だけでなく巨額の財務上の保証を求めてきた。ペイジとブリンは、AOLと提携できるならどんな代償でも払おうという考えだったが、CEOのシュミットはもっと慎重になるべきだと主張した。結局、ペイジたちはCEOの意見を押しとどめ、自信を持って契約を結んだ。

2002年5月1日、AOLの3400万人の会員は、どのページにも「Googleで検索」と書かれた小さなボックスが表示されていることに気づいた。ほどなく、グーグルはインターネットプロバイダーのアースリンクにも検索機能を提供する契約を結んだ。さらに、やはり検索エンジンを運営するライバル会社のアスクジーブスに文字ベースの広告を提供する、3年で1億ドルの契約を結んだ。その結果、2002年末の決算では、売上が4億4000

万ドル、利益が1億ドルとなった。シュミットも、ペイジとブリンが一連の提携を遂行したのは正しかったと認めざるを得なかった。「あのふたりは、リスクを冒すことを私ほど恐れていなかった。結果的に、彼らは正しかったよ」

　ペイジとブリンは、入ってくる金を惜しみなく革新的なアイデアにつぎこんで、検索ビジネスを広げていこうとした。アイデアの多くは従業員から寄せられた。そうして生まれたサービスのひとつが、2002年9月に始まった「Googleニュース」で、ユーザーは世界4500以上の情報源（ニュースソース）に無料でアクセスできるようになった。その年の12月、人々がたくさん買い物をするクリスマスシーズンには、商品検索サービスの「Froogle（フルーグル）」が試験的に始

経験豊かな企業リーダーのエリック・シュミットは、2001年にグーグルのCEOに就任し、経営を軌道に乗せることに尽力した

まった。また、グーグルは国際化も押し進めた。ギリシア語、中国語、ロシア語、デンマーク語といった外国語をはじめとして、遊び感覚の**ピッグラテン**や**クリンゴン語**に至るまで、100近くの言語で検索ができるようにしたのだ。

　グーグルの製品やサービスはますます充実し、広告主にとって魅力的なものも登場した。そのひとつが「アドセンス」というサービスで、他のウェブサイトに対し、**コンテンツ**の隣にターゲット広告を表示して収益をあげる技術を提供するものだった。もちろん、グーグルには、その技術を購入した各サイトから金が流れこんだ。このように、グーグルは急速に成長し、好意的に注目される機会が増えたので、コンピュータ・ソフトウェアの巨大企業、マイクロソフトの注意をひくようになった。マイクロソフトは当時、コンピュータの基本ソフトの市場を独占しているという理由で訴えられ、ゆれていた。そんなときにグーグルの成功を見て、ソフトウェア業界での支配的立場を失うのではないかと懸念したのだ。マイクロソフトとグーグルが直接張り合うことはなかったが、両社はその後もずっと、革新的な技術と斬新なアイデアで互いを出し抜こうとしつづけることになる。

　2003年末、グーグルの索引データは42億8000万のウェブページを網羅するまでにふくらんだ。グーグルはマスコミにもてはやされ、**ブランドチャンネル**の「ブランド・オブ・ザ・イヤー」に選ばれた。創業者のペイジとブリンは、ABCニュースの「パーソンズ・オブ・ザ・ウィーク」に選ばれた。グーグルはまた、ユーザーからも賞賛されていた。創業5周年を迎えた会社は、この上なく順風満帆に見えた。

---

【ピッグラテン】
おもに子どもがふざけて使う、置き換え言葉。最初の子音を語尾へまわし、ayかeiを加える。たとえば、boyはoybayとなる

【クリンゴン語】
SFテレビドラマおよびSF映画の『スタートレック』に登場する架空の宇宙人、クリンゴン人が使用する架空の言語

【コンテンツ】
情報の中身・内容。とくに、インターネットなどの電子媒体を通じてやりとりされる情報をさすことが多い

【ブランドチャンネル】
ブランドに関する情報を提供するウェブサイト。2001年開設

「グーグルの成長はまったく減速する気配がない。
すでにアメリカで行われるウェブ検索の過半数を扱っており、
ライバル他社が検索エンジンの改良を重ねているにもかかわらず、
ウェブ検索市場でのシェアがのびつづけている……」

――インターネット調査会社、ヒットワイズの調査部長、ビル・タンサーの言葉

2003年には、グーグルの"ビッグスリー"ことペイジ、ブリン、シュミットの3人が、主要な雑誌に取り上げられるようになった

## 20％タイム・ルール

　グーグル社のソフトウェア・エンジニアは、週5日のうち1日は、目の前の急ぎの仕事を脇に置いて独自の創造的アイデアに取り組むよう、奨励されている。この「20％タイム・ルール」のおかげで、グーグルの最も有名な製品やサービスのいくつかが生まれた。たとえばGoogleニュースは、ある社員が9.11の同時多発テロ事件の直後にニュース記事を整理しようとしたのがきっかけで誕生した。ショッピングサイトのフルーグルは、20％タイムに商品検索を研究していたエンジニアが開発した。コンピュータ関連の仕事をめざす学生が早めにスタートを切れるように、「Google 101」というセミナーを始めたエンジニアもいる。また、グーグルの提供する無料電子メールサービス、Gmailさえも20％タイムのプロジェクトの産物だ。社員が取り組んだプロジェクトがすべて実用化されるわけではないが、元CEOのエリック・シュミットは、社員の革新的なアイデアが頼りだと語る。「実のところ、新たな製品はどれも20％タイムのたまものだと言っていいでしょう。経営陣のアイデアから生まれたものは、ほとんどありません」

# 4 株式公開へ

　2004年を迎え、グーグルのビジネスは順調そのものだったが、ラリー・ペイジもサーゲイ・ブリンも、もっとすばらしいことができると確信していた。とくに電子メールの分野で、マイクロソフト、ヤフー！、AOLといったライバルたちをしのぐサービスを提供する自信があった。他のブランドよりも安価で、使いやすく、あらゆる点ですぐれた電子メールサービスにしたい、と考えていた。

　2004年4月1日、ペイジとブリンは、電子メールサービスのGmailを始める予定だと正式発表した。この発表は大変な反響を呼ぶだろうと、ふたりは予測していた。加入者全員に1ギガバイトという前代未聞の大きな保存容量を提供するうえに、使用料を1セントも取らないのだから。ところが、実際の反響は、ペイジたちがあまり問題視していなかった点に集中した。グーグルは電子メールにもターゲット広告を載せるつもりらしい、という点だ。プライバシー保護を重視する人々は、激怒して訴えた。ユーザーが送受信するメールの内容を読み取って、広告に結びつくキーワードをさがすなどもってのほかだ、と。議員のなかには、グーグルがそのような電子メールサービスを敢行するなら、使用を禁止す

グーグルと同じく、ヤフー！の創業者、ジェリー・ヤンとデビッド・ファイロもスタンフォード大学の卒業生だ

る法律を制定する、と脅（おど）してくる者もいた。「好青年」そのものといった会社のイメージが、初めて、きわめて公然と傷つけられたのだ。

『ウォールストリート・ジャーナル』紙のＩＴコラムニスト、ウォルト・モスバーグはこう書いた。「グーグルは、新たに始めると発表した電子メールサービスのせいで、誠実かつユーザー第一の企業であるという評判を危うくしている。問題は、メールの本文と広告が混同されるということではない。グーグルがユーザーの電子メールに侵入して、広告を生むキーワードをさがすということだ。これはプライバシーの侵害といえるだろう」

ペイジもブリンも、Gmailの発表が否定的な反響を呼ぶとは考えてもみなかったが、ユーザーがこのメールサービスを使ってみさえすれば、騒ぎはおさまるはずだと確信していた。それでも、念のため弁護士に相談してみると、過去のメールが保存されているアーカイブ内を検索できないようにすることと、グーグルの記録からユーザーの個人情報を取り除くことをすすめられた。しかし、ふたりは、電子メールに広告を載せるという計画自体を変えはしなかった。

Gmailへの非難が吹き荒れるなか、グーグルは2004年4月29日に、新規株式公開（IPO）を証券取引委員会に申請した。ペイジもブリンも、株式を公開していない会社ならではの自由を手放したくはなかったが、そろそろ、頑張ってきた従業員たちに、採用時の約束どおり、自社株購入権（ストックオプション）で手に入れた株を現金化する機会を与えるべきだということも承知していた。ベンチャーキャピタルやアンディ・ベクトルシャイムのような投資家、友人、家族に至るまで、初期に投資をしてくれた人々も、利益を手にする権利があった。それに、株が売れて資金が増えれば、会社は成長しつづけ、新たなサービスを展開できる。ただ、いつもながらペイジたちは、株式の公開に関しても、従来のやり方に無批判に従うのは気が進まなかった。

そこでまず、株式の公開によって得る調達希望金額を、数学の重要な定数である「ネイピア数」と同じ27億1828万1828ドル46セントに設定した。次に、慣例に反し、株の売買を行う投資会社の数を限定しないと決めた。そして、これも異例だが、新規公開株の初

グーグル

【証券取引委員会】
株式や公社債などの証券取引を監督・監視する、アメリカ連邦政府の機関

カリフォルニア州のマウンテンビューにあるグーグルの快適な本社は、社員の創造性をのばすように設計されている

値を、あまり知られていない**ダッチオークション**形式で決めることにした。これによって、投資家だけでなく一般の人もオンラインで株を買うことができることになった。

　その後、株式公開までの数カ月のあいだに、グーグルはまたも、マスコミやＩＴ業界のアナリストや金融・証券ウォッチャーから批判を浴びることになった。グーグルの設定した株の希望価格帯（108ドルから135ドル）が高すぎるし、新規株式公開のルールを軽視しすぎているというのだ。保守的な実業家のなかには、慣例に従わないペイジとブリンのことを、傲慢で子どもじみているとみなす人さえいた。

　そこへ、さらに深刻な問題が持ち上がった。株式公開を待つ、いわゆる「沈黙期間」には、宣伝目的でメディアに出ることはひかえるよう、証券取引委員会から求められているというのに、『プレイボーイ』誌にペイジとブリンの長いインタビュー記事が載ったのだ。インタビューが行われたのは４月で、グーグルが株式公開を発表する以前のことだったが、記事の出たタイミングがまずかった。だが、グーグル社の弁護士たちが解決策を考え出した。証券取引委員会に提出する登録届出書に『プレイボーイ』の記事を添え、正式書類の一部としてすべての投資家に公開する、というもので、これがうまくいった。証券取引委員会は、この記事について後日さらに調査する権利を留保したものの、グーグルが株式公開に向けて進むことを許可したのだ。

　そして、世間の注目が最高潮に達した2004年8月19日、ナスダック市場でグーグル株

の取引が1株85ドルという売値で始まった。ペイジはウォール街に出向いてその場に立ち会ったが、ブリンはカリフォルニアにとどまって会社の日常業務の舵取りをした。そしてふたりとも、その日の取引が終了する頃には億万長者になっていた。売上は16億7000万ドルで、ふたりが発表した調達希望額には及ばなかったが、ＩＴ企業による調達額としては最大級の金額だった。

　株式公開のすぐあとで、サーゲイ・ブリン、ラリー・ペイジ、CEOのエリック・シュミットの3人は、自分たちの給料をカットすると発表した。それまでペイジとブリンは年間15万ドルを、シュミットは25万ドルを給料として受け取っていたが、株式公開によって巨額の富を手にしたので、それぞれ給料を年間1ドルに切り下げたのだった。

【ダッチオークション】
通常とは逆に、価格が順番に下がっていく方式のオークションのこと。売り手が高めに設定した価格から順に値を下げていき、「売る株数と調達したい金額のバランスがいい値段」のところで足切りをして、それより上の値段に入札した人たちは全員「足切り価格」で買える、という入札方法。オランダの生花市場で使われている、せり（オークション）方式なので、ダッチオークションと呼ばれている

2004年8月、グーグルが株式を公開すると、社員の多くが億万長者になった

「検索技術はまだまだ発展途上です。
2010年、2020年になれば、
現在の技術はまるで時代遅れに映るでしょう」

——グーグルのエンジニア、マリッサ・メイヤーの言葉

## 最も働きたい会社

　食事は無料。プール、ビリヤード台、クライミングウォールを完備。洗濯設備も自由に使える（洗剤は無料）——これらは、グーグルがソフトウェア・エンジニアから秘書まで、何万人もの社員に提供している特典の、ほんの一部にすぎない。社内にはほかに、美容院、診療所、スパなどがあり、すべて無料で利用できる。カリフォルニア州マウンテンビューの本社、"グーグルプレックス"には託児所があって、子どもを無料で預けられる。愛犬を連れて出社してもかまわない。本社の広い敷地内を移動するのに、電動キックボードも使える。そしてときおり、パジャマで仕事をする"パジャマ・デー"が催される。創業者のラリー・ペイジとサーゲイ・ブリンはこのように徹底して、従業員が楽しく働けるよう配慮しているので、2007年、グーグルは『フォーチュン』誌の「最も働きたい会社」に選ばれた。その記事のなかで、ライターのアダム・ラシンスキーはこう述べている。「グーグルの従業員は、職場の居心地があまりにいいので、ときどき帰宅したくないとさえ感じるという。これぞまさに、グーグルが従業員のための出費を惜しまない理由なのだ」

# 5 エンジン全開

　2005年5月12日、グーグルは初の株主総会を本社のグーグルプレックスで開き、集まった数百人の株主たちにランチをふるまった。デザートには、人気の高いクッキーの**スニッカードゥードル**をまねた"スニッカーグーグル"なるクッキーも出た。

　ライバル会社のスパイが紛れこんでいる可能性もあるため、株主総会の出席者は、本社内を見て回ることはできなかったが、よい知らせを聞くことができた。グーグル社の株は上場後1年で急騰し、225ドルを超えていた。2005年の1〜3月の利益は3億6930万ドルで、売上は13億ドルを上回った。総会後も株価は上昇しつづけ、7月4日の独立記念日には300ドルを突破していた。IT関連株としては前例のない高値だ。

　よい知らせは2005年を通じて続き、グーグルは新製品を次々と発表した。その代表的なものが、方位と位置を検索できる「グーグルマップ」と、世界中のあらゆる場所が衛星写真や地図や三次元画像で見られる「グーグルアース」だ。グーグルアースを使うと、建物

【スニッカードゥードル】
シナモンシュガー風味の平たくて丸いクッキー。表面がひび割れたようになっているのが特徴

2005年に導入されたグーグルアースによって、ユーザーは風景や街並みを細部まで見られるようになった

や、自動車などの物体や、ときには人間まで見ることができた。グーグルはまた、国際的にも業務を拡大していった。アメリカ・オンラインとの契約を延長して、AOL ヨーロッパに検索技術と広告技術を提供し、約 630 万人のコンピュータユーザーに知られるところとなった。また、アイルランドのダブリンに欧州事業本部を開設したほか、中国の北京に研究開発センターを、ブラジルのサンパウロとメキシコのメキシコシティにも支社を構えた。

年末近く、グーグルは最も野心的なプロジェクトのひとつ、「グーグルプリント」を、「グーグルブック検索」と名称変更した。これは、蔵書が豊富で世界的に有名な図書館のいくつかと協力し、その蔵書をスキャンして、電子書籍として読んだり検索したりできるようにするというものだ。このデジタル化プロジェクトが始まったのは 2002 年、ラリー・ペイジが母校のミシガン大学に、図書館の本をすべてスキャンさせてほしいと持ちかけたときだった。スキャンした全データをグーグルの索引(インデックス)データに入れさせてもらえるなら、スキャンの費用はグーグルが負担する、という条件つきだった。その後、ペイジとブリンは、同様の提案をスタンフォード大学、ハーバード大学、ニューヨーク公共図書館などにも行った。

しかし、1 ページをスキャンするのにどのくらい時間がかかるのか、初めは見当もつかなかった。そこでペイジは、ウェブ製品担当部長のマリッサ・メイヤーと一緒に実験を始めた。メイヤーは当時を思い出してこう語る。「メトロノームを動かして、リズミカルにページをめくるようにしました。ラリーはスキャナのボタンを押す係、わたしはページをめくる係でした。300 ページの本をスキャンするのに、45 分ほどかかりました」

グーグルのプロジェクトチームは、これならいけそうだという印象を持った。書籍をデジタル化するというアイデアに対しては、いくつかの作家団体から著作権侵害にあたるという抗議が寄せられたが、グーグルは金と時間をつぎこんで長期的にデジタル化プロジェクトに取り組もうという意欲にあふれていた。「おそらく 10 年以内に、本という形で発表されたすべての知識をデジタル化し、ウェブ上で読んだり検索したりできるようになるでしょう。これは本当に壮大な計画です」とメイヤーは述べた。

グーグルは、自社のアイデアと同じくらい熱心に他社のアイデアも追い求めた。創業から 10 年もしないうちに、いくつかの重要な企業買収を行い、提供するサービスに新たな要

素を加えていった。パイラ・ラブズの買収によってブログのソフトを、アップスタートルの買収によってオンラインのワープロソフトと表計算ソフトを提供できるようになった。そして2006年10月、グーグルは16億5000万ドル相当の株式で、オンラインの人気動画サイト、YouTubeを運営する会社であるユーチューブを買収した。CEOのエリック・シュミットはこう言っている。「ユーチューブのチームは、面白くて影響力のあるメディアのプラットフォームを構築しています。それは、『世界中の情報を整理して、世界中の人たちがアクセスし利用できるようにする』というわが社の使命を補完するものです。グーグルとユーチューブは価値観を共有しています。つまり、常にユーザーを第一に考え、ユーザーにもっとすばらしい体験をしてもらうため、技術革新(イノベーション)に専心するということです」

【グーグルブック検索】
著作権が保護期間内にある本については、テキストの全文検索はできるが、実際に読めるのは一部のみ。このサービスは再度名称が変わって、現在はグーグルブックスとなっている

【パイラ・ラブズ】
ブログ作成ソフト「Blogger（ブロガー）」の製造元。1999年設立

【アップスタートル】
オンラインのワープロソフト「Writely（ライトリー）」の製造元

【プラットフォーム】
基礎となる技術や構造のこと。これを基盤に他の技術やアプリなどのサービスを構築し、動作させることができる

2007年の時点で、グーグルブック検索は100万冊以上の電子書籍を網羅し、さらに1日3000冊のペースで書籍をデジタル化していた

グーグルはますます成長し、ますます有名になった。2006年末には、Googleはウェブ上で最もよく使われている検索エンジンとして他を大きく引き離し、市場シェアが50％を超えた。ちなみに2位は、一時期グーグルから技術供与を受けていたヤフー！で、シェアは23％にとどまった。Googleは「検索」の代名詞となり、動詞として辞書にも収録されるようになった。

　IT業界の専門家たちは、圧倒的な優位に立つグーグルを見て、考えずにいられなかった。はたして、検索技術でグーグルをしのいでトップに立てる会社は登場するのだろうか？　**サイトスペクト**のエリック・ハンセン社長は、2007年にこう述べている。「いつかは必ず、そういう会社が現れるでしょう。グーグルも、永遠にトップに君臨することはできません。たしかに、今はもっぱら注目を集めていますが、ほかにも優秀で資金の豊富な会社がたくさん、グーグルが提供しているのとは異なる技術を開発中ですからね」

　しかし、本社であるグーグルプレックスで働く社員、通称「グーグラー」たちは、このような見解にふれるといっそう、次なる「最高のもの」に向かって邁進する。そして、さまざまなソフトウェアやサービスが生み出されていく。テレビ放送の検索、放送用広告のプラン、音声で作動させる電話のディレクトリ検索、携帯電話サービスなどなど。ほかに、未発表の計画もたくさんある。グーグルは自社のホームページでこう述べた。「わたしたちは、世界中のユーザーがまだはっきりとは表明していないニーズをくみ取って、独自の製品やサービスでそれにこたえ、新たな基準をつくっていきたいのです」

　1998年以来、グーグルは次々と不可能を可能にしてきた。夢とわずかな資金を土台として築かれた会社だが、今や世界で最も高い利益をあげる企業のひとつとなった。だがそれも、ふたりの若い創業者がどれだけ一心に事業に取り組んできたかを考えれば、驚くにはあたらない。ラリー・ペイジは言う。「ぼくたち（グーグルの人間）はみな、『世界中のできるだけ多くの人が、求める情報を得られるようにしなくては』という、とてつもない責任感を抱いているのだと思います」

【サイトスペクト】
検索エンジンを活用したマーケティングや、ウェブ最適化技術を提供している会社

「検索エンジンの Google は、今後 25 年間に
ぼくたちが成し遂げたいと望んでいることのなかで、
最もささやかなものだと思う。
けれど、Google のほかに何もつくれなかったとしても、
さほど失望はしないだろう」

——グーグルの創業者のひとり、サーゲイ・ブリンの言葉

2007 年、グーグルは NASA と協力して、アポロの月面着陸に関する情報や NASA の宇宙飛行士が撮影した地球の写真などをウェブサイトに載せる計画を進めていた

グーグル

ラリー・ペイジ(左)と
サーゲイ・ブリン

## ふたりの創業者

　今ではグーグル社をめぐる伝説のようになっているが、ラリー・ペイジとサーゲイ・ブリンは、1995年にスタンフォード大学のキャンパスで出会ったとき、べつだん気が合ったわけではなかったようだ。互いの意見に反論ばかりしていて、ばかげた問題でよく言い争っていたという（当時の大学院生仲間によると、ライマメを使ってビルの大きさのディスプレイをつくれるかどうかについて、議論したこともあるらしい）。だが、その頃から、ふたりはほぼいつも一緒だった。キャンパスで一緒にいることがあまりに多いので、とうとうふたりまとめて、「ラリアンサーゲイ*」と呼ばれるようになったほどだ。じきに、学問上の研究テーマもひとつになった。1996年の半ばには、学内のウィリアム・ゲイツ・サイエンスセンターで研究室を共有し、ウェブサイトのリンクをダウンロードして分析するというプロジェクトにもともに取り組んでいた。そのときのアイデアをもとに、2年後には検索エンジンのGoogleをつくった。今では、広大な本社のグーグルプレックスを築いたおかげで、当時よりもはるかに望ましい環境のオフィスでそれぞれ仕事をしている。

＊ラリー・アンド・サーゲイを縮めた愛称

〈2007年以降の主な動き・トピックス〉
- 2007年　携帯端末用初のオープンプラットフォーム、Androidを発表
- 2008年　新しいブラウザ、Google Chromeが利用可能に
- 2011年　ラリー・ペイジが再びCEOに就任。エリック・シュミットが会長に
- 2013年　ロボット事業への参入を発表し、翌年1月までに関連企業7社を買収
- 2015年　持ち株会社アルファベットを設立（CEOはペイジ、社長はブリン）、グーグルはその子会社となる。スンダー・ピチャイがグーグルのCEOに

第 6 章
# フェイスブック

2004年2月4日の午後、19歳のマーク・ザッカーバーグは、ハーバード大学の寮の4人でシェアしている部屋で、やや緊張した面持ちで机に向かった。冬休みのあいだずっと、その部屋でコンピュータにかじりついて、ハーバード大生のためのオンライン・ソーシャルネットワークのウェブサイトをつくり、ドメイン名も2、3週間前に取得していた。その新しいサイトを、いよいよオープンしようというのだ。栄養ドリンクの空き缶やくしゃくしゃに丸めた菓子の空き袋が散乱する机の上で、コンピュータが低くうなりながら立ち上がると、ザッカーバーグは Thefacebook.com を始動させるためのボタンをクリックした。その瞬間から、人と人をウェブ上でつなぐネットワークが形成されはじめ、やがてキャンパスを越え、国を越えて世界中に広がっていった。

# 1 学生どうしをつなぐ

　マーク・ザッカーバーグは、2002年の秋にハーバード大学に入学した時点で、すでにコンピュータの達人と目されていた。それもそのはず、10歳の頃からコンピュータプログラムを書いてゲームを開発し、自宅のコンピュータで遊んでいたのだ。

　高校時代には友達と、リスナーの好みに応じた楽曲のリストをつくるソフトウェアを開発した。伝えられるところでは、マイクロソフト社がその技術を100万ドル近い価格で買おうとしたが、ザッカーバーグも友人も断ったという。この話は、マサチューセッツ州にあるハーバード大学ケンブリッジキャンパスの学生のあいだでは有名だった。

　コンピュータ科学専攻のザッカーバーグは、プログラミングで金持ちになろうとは思っていなかった。才能に恵まれた彼にとって、プログラミングは手軽な趣味のようなものだったが、やがてそれによってキャンパスで注目されることになる。2003年、ザッカーバーグが2年生になったばかりの頃に開発した「コースマッチ」というサイトは、学生たちから大いに歓迎された。そのサイトにアクセスすれば、各授業に登録した学生のリストが見られるので、友達と同じ授業を取るのに便利だった。しかし、同じ年にザッカーバー

マーク・ザッカーバーグは、生まれも育ちもニューヨーク。2004年5月、ハーバード大学にて

グがつくった「フェイスマッシュ」というサイトは、あまり評判がよくなかった。ハーバード大学のふたりの学生(同性)の写真を並べて表示し、ルックスがいいと思うほうに投票してもらって、最終的にいちばん「ホットな」男子学生と女子学生を決めるというサイトだったが、このサイトを立ち上げたあと、ザッカーバーグは大学の理事会に呼ばれて観察処分を受けた。大学のコンピュータシステムに侵入して、学生の写真を取得したためだ。

フェイスマッシュ騒動(そうどう)のあと、ほどなくして、ザッカーバーグは別のプログラミングに熱中し出した。ハーバード大学の学生が交友関係を広げるのに役立つ、オンラインのソーシャルネットワークをつくろうとしていたのだ。主な目的は学生どうしの親睦(しんぼく)を深めることだが、その新しいウェブサイトがビジネスに発展して若干の収入を生む可能性もあると、ザッカーバーグにはわかっていた。そこで、実務面を取り仕切るうえでのサポート役が必要だと考え、経営学専攻のエドゥアルド・サベリンにビジネスパートナーになってくれないかと持ちかけた。サベリンは承知して、サイトを運営するのに必要な**サーバー**を買うために、ザッカーバーグと同じく1000ドルを出資した。また、折にふれてザッカーバーグにビジネス面でのアドバイスをした。

ハーバード大学には寮ごとに学生の写真集があって、facebook(フェイスブック)と呼ばれていた。それにちなんで、ザッカーバーグは新しく開発したソーシャルネットワークをThefacebook.com(以下、「ザ・フェイスブック」と記す)と名づけた。ザ・フェイスブックに登録するための唯一の条件は、ハーバード大学のEメールアドレスを持っていることだった。登録にあたり、各ユーザーは、写真と個人情報(交際相手の有無、好きな本・映画・音楽グループなど)を含むプロフィールページを作成する。登録すると、ほかの学生を「お友達」としてフェイスブックに招待することができる。また、自分のページに掲載した情報を閲覧できる人を制限することもできた。

【ソーシャルネットワーク】
オンライン環境で、家族、友人、同僚など、ある社会に属している個人どうしのつながりをさらに広げていくこと。ソーシャルネットワークを用いたサービス、あるいはそのウェブサイトのことをSNSという

【サーバー】
正式にはサーバーコンピュータ。ネットワークにおける主要なコンピュータ、またはリンクされた複数のコンピュータをさす。そこに共有のプログラムやファイルが保存されている

2004年2月4日にザ・フェイスブックが始動するとすぐ、数十人の学生が友達からそのことを聞いて登録した。4日後には650人以上の学生がサイトを使っていた。ザ・フェイスブックはキャンパスで最もホットな話題のひとつとなり、3週間もするとユーザーは6000人にふくらんでいた。そのなかには、学部生・大学院生のほか、卒業生や教職員もいた。

　じきに、ザ・フェイスブックの使い勝手の悪い点を解決することと、サイトの急激な成長によってサーバーがクラッシュしないようにすることが、大きな負担となってきた。ザッカーバーグは、ルームメイトのひとり、ダスティン・モスコヴィッツを助手として雇った。現金で報酬を支払うことはできなかったが、ザ・フェイスブック社の持ち株の5％を与えると約束した。残り95％パーセントのうち、65％はプログラムの開発者であるザッカーバーグが、30％は共同出資者のサベリンが所有していた。

　ザッカーバーグは多くの時間をかけてザ・フェイスブックのコードを微調整し、サイトを快適に使えるようにした。一方、モスコヴィッツの役割は、ザ・フェイスブックにアク

ザッカーバーグの誕生日の8日後に生まれたダスティン・モスコヴィッツは、フェイスブックのサイトの設計を手伝った

セスしたいという、ほかの大学の学生たちからの要望に対応することだった。コロンビア大学では2月25日に、スタンフォード大学では2月26日に、イェール大学でも2月29日にザ・フェイスブックが始動して、たちまち人気を呼んだ。そして、異なる大学の学生どうしもつながっていった。スタンフォード大学からは、学内紙『スタンフォード・デイリー』の記者がザッカーバーグのもとへインタビューに訪れた。ザッカーバーグは、ザ・フェイスブックを始めた意図を記者からたずねられると、こう答えた。「ありきたりの言葉に聞こえるだろうけど、みんながよりよく暮らせるようにしたいんだ。とくに社交面でね」

取材の電話がしきりにかかってくるようになると、ザッカーバーグはルームメイトのクリス・ヒューズをザ・フェイスブックの公式広報担当者(スポークスパーソン)として雇った。ヒューズは理路整然と話すのが得意で、ザッカーバーグがよく強調している点を繰り返し述べた。目標はサイトで金もうけをすることではなく、学生のみんなに楽しみと価値あるサービスを提供することなのです、と。

しかし、ザ・フェイスブックがキャンパスからキャンパスへと広がり、3月末に登録ユーザーが3万人を超えると、ザッカーバーグは、ふくらむ一方の事業コストをまかなうために何かしら収入源を見つけなければ、と気づいた。その時点で、ザ・フェイスブックを稼働させつづけるために5台のサーバーを使っており、そのレンタル料として毎月450ドルを支払っていた。しかも、近い将来、さらに多くのサーバーが必要になることは確実だった。そこで、サベリンは新たに1万ドルを出資するとともに、2、3の企業に広告スペースを売りはじめた。その結果、4月からはザ・フェイスブックのサイトに広告が載るようになった。一方、ザッカーバーグは、ザ・フェイスブックに投資したいという人々からの電話に対応していた。なかには、誕生してわずか4カ月のこの事業を1000万ドルで買収したいという申し出もあった。

だが、ザッカーバーグは興味を示さなかった。ザ・フェイスブックは6カ月間で34のキャンパスに広がり、10万人のユーザーを獲得していた。このサイトを運営し成長させることに打ちこんでいたザッカーバーグは、ひと夏のあいだ、活動の拠点をカリフォルニア

【コード】
コンピュータに行わせたい動作・処理の指示のかたまりを、一定の符号化規則に基づいて記したもの

州北部のシリコンバレーに移そうと決めた。シリコンバレーでは長年にわたり、テクノロジー分野の新興企業が数多く誕生していた。当時、ザッカーバーグはある記者に語っている。「あの伝説の場所から、あらゆるテクノロジーが生まれている。だから、ぼくもそこに身を置いて、じっくり見てみたいと思ったんだ」

「わが社の使命のひとつは、
シリコンバレーで最もクールな会社になることだった。
楽しくてカッコいい職場であるべき、
という考えをぼくは強調した」

———フェイスブック社の元社長、ショーン・パーカーの言葉

フェイスブックのカリフォルニア本社は常に、
若々しいくつろいだ雰囲気で知られてきた

## フレンドスターからフェイスブックへ

　フェイスブックは世界で最も多くのユーザーを持つソーシャルネットワーク・サイトとなったが、ソーシャルネットワーク・サイトの第1号というわけではなかった。マーク・ザッカーバーグが2004年にフェイスブックを立ち上げる約10年前の1995年に、「マッチコム」というサイトがデート相手を見つける手助けを、「クラスメイツコム」というサイトが昔の学校友達と連絡を取る手助けを提供しはじめた。これらふたつのサイトは、現在のソーシャルネットワークとはかなり違っていたが、人はオンラインで結びつくことができるという考え方の先駆けとなった。1997年には、「シックスディグリーズコム」というサイトがその考え方をさらに押し進め、ユーザーどうしのつながりをベースに人のネットワークを構築しようとした。しかし、2003年に始動した「フレンドスター」こそ、ザッカーバーグが注目し、フェイスブックを始める使命を自覚するきっかけとなったソーシャルネットワーク・サイトだ。ザッカーバーグがフレンドスターから得た教訓のひとつは、サーバーに適切な投資をしてサイトを稼働させつづけることだった。フレンドスターのサーバーは動作がのろいことで悪名が高く、しばしばクラッシュしたため、サイトの消滅を招いたのだ。

# 2 500万人の「友達」

　2004年夏、ザッカーバーグとモスコヴィッツはカリフォルニア州西部のパロアルトに一軒家を借りて、アルバイトに雇った下級生ふたりとともに移り住んだ。車はなく、家具もほとんどなかった。ダイニングルームのテーブルにはコンピュータ、モデム、カメラなどが所狭しと並べられ、空き瓶や空き缶も散乱していた。大学生の例にもれず、4人は朝が苦手だった。午後から作業を始め、真夜中をかなり過ぎるまで続けることが多かった。

　2004年の夏にはもうひとり、ショーン・パーカーという協力者が加わった。パーカーは、オンライン音楽共有サービスの「ナップスター」をはじめ、インターネット関連のベンチャービジネスをいくつか手がけた経験を持っていた。パーカーはザ・フェイスブックのコンセプトを高く評価しており、ザッカーバーグのことも、その年の春にニューヨークで夕食をともにして以来、気に入っていた。パーカー自身、まだ24歳という若さだったが、ザ・フェイスブックのチームのなかでは最年長で、ビジネス経験が最も豊富なメンバーとなった。

　ザッカーバーグとモスコヴィッツはアルバイトのふたりとともに、時間をかけてザ・フェイスブックのサイトをより使いやすくした。サーバーを強化し、新たな機能やサービ

ショーン・パーカーもザッカーバーグと同様、コンピュータの天才で、6歳からプログラミングを行っていた

スを追加するためのコードを書いた。その成果のひとつとして、ザ・フェイスブックのユーザーどうしが個人的にメッセージをやりとりできるようになった。一方、パーカーは、ザ・フェイスブックを本格的なビジネスにするために多くの時間を費やした。ほかのインターネット関連会社での仕事を通じて何人もの投資家と知り合いになっていたので、ザ・フェイスブックに興味を持ってくれそうな人物にアプローチを開始した。

　ザッカーバーグは、投資家の力を借りるべきかどうか、まだ決めかねていた。だからといって、広告収入にも頼りすぎたくはなかった。しかし、より多くの資金が必要となることは明らかで、その時点で得ていたわずかな広告収入ではとても足りそうになかった。ザッカーバーグはすでに約2万ドルを、新機材、主にサーバーの調達に費やしていた。その夏、彼はこう言っていた。「ぼくには食べ物と同じくらいサーバーが必要だ。いや、食べなくてもしばらくは生きていられるだろうが、サーバーが足りなくなったらザ・フェイスブックのサイトはたちまちつぶれてしまう」

　夏が終わる頃、ザ・フェイスブックのユーザーは20万人にふくらんでおり、会社の**インフラ**は過大な負荷（ふか）に悲鳴をあげていた。そこで、2004年の秋、パーカーは投資家のピーター・シールをザッカーバーグに引き合わせた。シールは「ペイパル」という安全なオンライン決済システムの共同創設者のひとりで、インターネット関連の新規事業に個人で投資を行っていた。シールとの会合の場所に現れたザッカーバーグは、いつもどおり、ジーンズにTシャツ、アディダスのサンダルという格好だったが、シールは若き最高経営責任者（CEO）にもザ・フェイスブックのサイトにも感銘（かんめい）を受け、50万ドルの投資を申し出た。その見返りとして、シールはザ・フェイスブック社の株式を10％保有することになった。ほかにも数人の個人投資家が、合計10万ドルの出資をしてくれた。

　こうして資金を得た結果、ザッカーバーグもモスコヴィッツも、秋になってもハーバード大学にはもどらないと決めた。そして、パロアルトのエマソン・ストリートにある中華料理店の上階にオフィスを借り、アーティストたちを雇って壁にカラフルな絵を描いても

フェイスブック

【インフラ】
インフラストラクチャーの略。一般には道路・鉄道・下水道・公園など、社会的経済的基盤を成すもの全体をさすが、ここでは、組織や会社の基盤を成すものを意味する。具体的には建物や備品のほか、従業員・管理職も含む

らい、安い組み立て式家具を買って自分たちで組み立てた。ザ・フェイスブックのサイトには、ユーザーのために新たな機能をふたつ、追加した。ひとつは「ウォール」で、ここに友達がメモやコメントを書きこめるようにした。もうひとつはグループ機能で、これによりユーザーは、「同じ授業を取っている」から「同じ飲み物が好き」に至るまで、何でも共通点さえあれば結びつくことができるようになった。ユーザー数は、9月には40万人に、10月には50万人に達した。そして11月30日には、100万人目のユーザーが登録した。

　こうしてサイトが急激に成長したため、ザッカーバーグと彼の率いるチームは、調達した60万ドルの資金があまりもちそうにないことに気づいた。しかし、その頃から、個人投資家やベンチャーキャピタルが、ザッカーバーグに電話をかけてくるようになった。驚くことに、ザ・フェイスブック社を直ちに7500万ドルで買収したい、と言ってきた会社さえあった。しかし、ザッカーバーグはいくつもの申し出を何カ月もかけて比較検討した結果、

フェイスブックはごく初期の頃より、ユーザーから提案を募った。同様に、パロアルトのオフィスの落書きボードには、社員からの提案が寄せられている

2005年5月、アクセル・パートナーズというベンチャーキャピタルから1270万ドルの投資を受けることに決めた。見返りとして、アクセル・パートナーズはザ・フェイスブック社の持ち株の15%を受け取った。その2、3カ月後、ザ・フェイスブック社は社名から「ザ」を取り去って「フェイスブック」とし、ドメイン名もThefacebook.comからfacebook.comに改めた。

　新たな資金を得たことで、ザッカーバーグはどんどん大きくなるサーバーネットワークをアップグレードすることができた。また、サイトを構築・維持するための人材を増やすこともできた。オフィスの入っている建物の前の歩道に黒板を置いて、「求む、エンジニアリング担当副社長」などとチョークで書いておいたりもしたが、結局は採用担当者を雇って、エンジニアをさがし、採用する仕事をまかせた。そのおかげでザッカーバーグは、フェイスブック全体に関わる重要な事柄に全力を注げるようになった。

　懸案のひとつは、フェイスブックのユーザー層を拡大することだった。2005年秋の時点で、フェイスブックは1800の大学で機能していた。アメリカ合衆国の大学生のうち、少なくとも85%が登録していて、その半数以上が毎日サイトを訪れていた。ザッカーバーグは新たなユーザー層を獲得したいと熱望しており、次のステップは当然高校生だろうと考えていた。

　2005年9月、フェイスブックは正式に、高校生を登録に招待した。しかし、ここで問題が生じた。大学と違い、高校では生徒全員にEメールアドレスを発行するということがほとんど行われていないため、登録を希望する高校生の身元を確認する方法がなかったのだ。そこで解決策として、登録済みの大学生のユーザーに年下の友人をフェイスブックに招待してもらうことにした。招待されて登録を済ませた高校生のユーザーは、自分の友人を招待することができ、その友人もまた自分の友人を招待できるという仕組みだ。翌2006年の春には、アクティブな「フェイスブッカー」が550万人に達したが、そのうち100万人以上を高校生が占めていた。

フェイスブック

「フェイスブックとそのビジネスパートナーたちは
わたしたちについて多くを知るが、
わたしたちは彼らのことをほとんど知らないし、
自分たちに関するどんな情報が集められ
どう使われているのかも知らない」

——電子プライバシー情報センター、マーク・ローテンバーグの言葉

フェイスブックは、「マイスペース」という別のソーシャルネットワーク・サイトと競争し、最後には打ち負かした

キャメロン（左）とタイラーのウィンクルヴォス兄弟

## 法的論争

　フェイスブックがスタートして1年にも満たないうちに、創業者のザッカーバーグはサイトに関する訴訟で大打撃を受けた。訴訟を起こしたのは、ハーバード大学の3人の男子学生だった。彼らは2003年に、男女の出会いと交流の場として「ハーバード・コネクション」というウェブサイトをつくろうと計画し、ザッカーバーグにプログラミングを手伝ってほしいと頼んだ。ザッカーバーグは了解したが、後に忙しくて続けられないと言い、計画から抜けた。それからまもなく、フェイスブックのサイトがオープンすると、ハーバード・コネクションをつくろうとしていた3人──キャメロンとタイラーの双子のウィンクルヴォス兄弟とディヴィヤ・ナレンドラ──はザッカーバーグにアイデアを盗まれたと主張し、彼を提訴すると決めた。ザッカーバーグはこれを笑いとばし、ハーバード・コネクションとフェイスブックは「まったくの別物」であり、3人による脅しは「ばかげている」と述べた。そして弁護士を雇い、著作権侵害をはじめとする複数の罪状をめぐって争ったすえ、2008年になってようやく和解に達した。ザッカーバーグは、ウィンクルヴォス兄弟とナレンドラに現金2000万ドルを支払い、フェイスブック社の株式の一部も引きわたして、相手側もこの和解を受け入れた。2010年、ウィンクルヴォス兄弟は上訴しようとしたが、結局、上訴を取り下げた。

# 3 成長にともなう痛み

　フェイスブックは誕生から2年足らずで、アメリカとカナダだけでなく、新たにサービスを開始したイギリスでも大成功をおさめた。とくに、2005年10月に導入した写真**アプリ**は大ヒットとなった。サイトに写真を投稿して、友達と共有できるようになったのだ。だが一方で、フェイスブックは、サーバーを維持し技術面に改良を加えるためだけに、相変わらず何百万ドルも費やしていた。

　フェイスブックに買収を持ちかけてくる企業は後を絶たなかったが、ザッカーバーグは断りつづけた。そして、ユーザーのページに情報と並べて広告を表示してもいいかもしれないと、真剣に考えはじめた。以前は広告を載せることに反対していたが、フェイスブックが拡大しつづけるための資金を獲得できるなら、邪魔にならない小さめの広告を適切な場所に入れてもいいと考えるようになったのだ。これを受けて、初期の広告は、ほとんどがフェイスブック用に特別につくられたものとなった。広告を出す企業は、ある製品を宣

フェイスブックの写真アプリは、すばやく簡単に画像を共有できるため、大人気を博した

伝するためのグループをフェイスブック上につくり、そのグループに加入したユーザーの人数に応じてフェイスブックに広告料を払った。たとえば、プロクター・アンド・ギャンブル（P&G）は、クレスト・ホワイト・ストリップスという歯のホワイトニング・フィルムを宣伝するために「スマイル・ステート」というグループをつくり、このグループに加入したユーザーにはもれなく映画の無料鑑賞券をプレゼントすると約束した。すると、2万人以上のユーザーがグループに加入した。このように企業がフェイスブックのページにバナー広告を出さなくても顧客にアプローチできる宣伝方法を、ザッカーバーグは歓迎した。だが、スプライトがボトルのデザインを一新したのを機に、100万ドルの広告料を払うから1日だけフェイスブックのホームページを全面グリーンにしてほしいと言ってきたときには、断った。

　一方、フェイスブック社のエンジニアたちは、いま一度、新たなユーザーを獲得しようともくろんでいた。次に開拓すべきは職場だと、ザッカーバーグは考えた。大人どうしの交流が最も盛んなのは職場だからだ。そこで2006年5月、フェイスブックは「ワーク・ネットワークス」という新たなサービスを立ち上げて、人と人をつなぐネットワークを会社ごとにつくろうとした。ところが、ザッカーバーグにとってはショックなことに、このサービスは大失敗に終わった。ユーザー登録をする人が極端に少なかったのだ。敗因のひとつは、事前に十分なマーケティングを行わなかったことだった。ザッカーバーグは落ち込み、フェイスブックのオフィスは重苦しい空気に包まれた。「あれは、ザッカーバーグがフェイスブックを始めて以来、最大の失敗だった。あれほど大きな間違いを犯したのは、初めてのことだった」と語るのは、当時、同社の製品管理担当副社長で、ザッカーバーグが最も信頼を寄せていた助言者のひとり、マット・コーラーだ。

　しかし、その挫折感も、大手ソフトウェアメーカーのマイクロソフトと戦略的な関係を築いたことで、やわらいでいった。マイクロソフトがフェイスブックのサイト用にバナー

フェイスブック

【アプリ】
アプリケーションの略。ユーザーがコンピュータまたはコンピュータ制御された機器で作業を行ったりゲームをしたりするのを助ける、ソフトウェア・プログラム

【バナー広告】
ウェブページ上に画像やテキストを貼りつける形のインターネット広告。見た人が枠内をクリックすると広告主のサイトに飛べるようになっている

広告を開発・販売することに、ザッカーバーグも同意したのだ。8月に発表されたこの提携によって、利益を生む広告が次々とフェイスブックのサイトにアップされた。収益はたちまち増え、この年、フェイスブックは創業以来初めて利益を計上することになる。ザッカーバーグは自信を取りもどし、2006年9月にはふたつの重要なプロジェクトに取りかかった。

　ひとつは「ニュースフィード」で、各ユーザーの友達の最新情報のうち、ユーザー自身が最も関心を持ちそうな情報を集めて、所定の欄にスクロール式に表示するというものだった。友達が新しい写真をアップしたり、情報の一部を変更したり、交際相手の有無を更新したりすると、そのことがニュースフィード欄に表示される。これは複雑なプロジェクトで、ユーザーどうしの交流のあり方を大きく変える可能性を秘めていた。もう、友達のページをクリックしなくても、相手が今どんなことをしているかがわかる。ニュースフィードが情報を運んできてくれるのだ。

　もうひとつは、フェイスブックのユーザー層をこれまで以上に広げるための取り組み

フェイスブックのニュースフィード機能は、ユーザーの操作を簡略化すべく導入されたが、たちまち論議を巻き起こした

だった。フェイスブックは友達とつながるツールとしてどんな年齢層の人にも使ってもらえるはずだと、ザッカーバーグはずっと確信していたので、2006年秋には、だれでも、どこにいてもフェイスブックに登録できる「オープン登録」を始めることにした。エンジニアのひとつのチームが日夜ニュースフィードの準備を進める一方で、別のチームは、オープン登録で加入したユーザーがEメールのアドレス帳をもとにフェイスブック上に友達を見つけられるよう、手助けするサービスを開発していた。

　9月5日の早朝に、ニュースフィードの提供が始まった。ところが、開発チームがシャンパンをラッパ飲みして祝っているそばから、ユーザーがフェイスブックへの投稿やEメールで苦情を寄せてきた。この新たな機能はプライバシーを侵害している、頼むから停止してくれ、というのだ。あるユーザーが「フェイスブックのニュースフィードに反対するグループ」をつくったところ、24時間以内に10万人が加わった。

　開発チームのメンバーは言葉を失った。ニュースフィードに表示される情報は、それまでも友達なら閲覧できた情報ばかりなのだ。より簡単かつ迅速に、最新情報を見られるようにしたにすぎない。なのに、なぜこれほどの反発を招いたのか……。しかし、ザッカーバーグは冷静に受け止めていた。ニュースフィードに対して、多くのユーザーがまるでウィルスにでも感染したかのように反応したということは、この新機能が有効だという何よりの証拠だ。現にみんな、意見を広めるのにニュースフィードを利用してるじゃないか……。とはいえ、会社として何か手を打たなければならないのはわかっていた。そこで、新たにプライバシー機能を設け、ユーザー自身がニュースフィードに載せてもかまわない情報を指定できるようにした。それからザッカーバーグは、フェイスブックのユーザー全員に向けてメッセージを送り、「わたしたちはこの件で大きな失敗をしました」と、新たな機能に関してユーザーへの配慮が足りなかったことを謝罪した。苦情にどう対処するかも説明した。すると、ニュースフィードに反対する動きは、始まったときと同様、あっという間に消えたのだった。

　そのあと、フェイスブックのスタッフはオープン登録の準備を進め、9月26日、ついに開始日を迎えた。だが、今度はすぐにシャンパンで祝ったりせず、最初の2週間というもの、やきもきしながら新規ユーザーに関するデータを調べて、成功の兆しをさがした。10

月初旬になると、その兆しが現れた。ユーザーが、1日あたり5万人のペースで増えるようになったのだ。オープン登録を始める前は1日あたり2万人だったのだから、大幅な増加といっていい。それは、大人も熱心にフェイスブックに登録しているというしるしだった。

「ここにいるみなさん、
フェイスブックへの投稿は慎重にしてください。
この YouTube 時代には、自分のしたことは何であれ、
後々の人生で取りざたされる可能性があるからです」

——アメリカ合衆国第44代大統領、バラク・オバマの言葉

2000年代の終わりには、バラク・オバマ米大統領も含め、政治家たちはフェイスブックの影響力が増大しつつあることに気づいていた

## セレブの立場

　マーク・ザッカーバーグは、内気で、おだやかな口調で話し、私生活を決して明かさないことで知られていた。フェイスブックの創業者として有名になると、いい評判も悪い評判もたくさん立ったが、本質的には変わらなかった。経営者として億万長者になったあとも、短パンにパーカー、アディダスのサンダルという、大学時代からのお気に入りの格好ですごすことが多かった。しかし、セレブの仲間入りをしたことで、代償も払った。ザッカーバーグの顔はだれにでも知られるようになったので、しばしばレストランなどの公共の場所で声をかけられ、サインを求められたり、一緒に写真を撮らせてほしいと頼まれたりした。そのように私生活に踏みこまれる傾向は、フェイスブックを描いた映画、『ソーシャル・ネットワーク』が 2010 年に公開されると、より強くなった。『ソーシャル・ネットワーク』は、この年最も人気を博した映画のひとつだが、ザッカーバーグ自身はあまり気に入っておらず、こう述べている。「ぼくがフェイスブックを始めたのは、世界をよりよい、より透明性の高いところにするためだ。でも、この映画のなかのぼくは、女の子と出会うためにフェイスブックを立ち上げたみたいに描かれている」

# 4 友達以上

　2006年の暮れ、22歳のザッカーバーグはバスを何台か借り切って、フェイスブックの全従業員150名を引き連れ、サンタクララにあるテーマパーク、「カリフォルニアズ・グレート・アメリカ」に出かけた。一同はパーティーで大いに盛り上がり、羽目を外したが、休暇が終わってパロアルトにもどってくると、今ではユニバーシティ・アベニューのいくつかの建物に散在しているオフィスで、いっそう真剣に仕事に取り組まねばならなかった。

　フェイスブックは世界中で1200万人以上の人々に利用されており、しかもその人数は日々、万単位で増えていた。だが、会社としてすべきことは、まだたくさんあった。

　ザッカーバーグは、フェイスブックの写真アプリが完璧ではないことを承知していた。写真の解像度が高くないし、プリント機能もあまりよくない。また、新たに「イベント招待」機能を導入し、ユーザーがこれから行う活動のうち、興味をひきそうなものを友達に告知できるようにしたが、これもきわめて初歩的な機能だった。にもかかわらず、写真アプリもイベント招待機能も、信じられないほど人気があった。つまり、ユーザーが求めているのは高度なソフトウェアではなく、友達とつながることのできる実用的な手段なのだ。

　そう気づいたことが、次なる大規模な構想を押し進めるきっかけとなった。それは、ザッカーバーグが創業当初からずっと考えていたこと——フェイスブックを、ほかのいろ

パロアルトは人口7万人にも満たない街だが、ＩＴ関係の企業の聖地として確固たる存在感を持つ

いろなアプリを構築し動作させるための基盤、すなわちプラットフォームにすることだった。もともとプログラミングを得意としていたザッカーバーグは、意欲的なエンジニアやソフトウェア開発者に門戸を開いて、フェイスブックのユーザーのために新しいアプリをどんどんつくってもらいたいという、やみがたい思いを抱いていた。そうすれば、さまざまな共通項でつながっているユーザーのあいだに、すぐれたアプリが一気に広がるだろうという期待もあった。

　ザッカーバーグはこのプラットフォーム構想にすっかり夢中になり、イベントプランナーを雇って、派手な発表記念パーティーを催した。当日、会場となったホテルの大ホールには、ジャーナリストをはじめ、ソフトウェア会社やインターネット関連会社の人たちなど、750人以上の出席者がつめかけた。ザッカーバーグは、「さあ、一緒に行動を起こしましょう」とあいさつすると、フェイスブックの新たなプラットフォームを使ってアプリをつくる方法を紹介した。そのあと、ソフトウェアの開発者たちを誘って、8時間にわたる実地体験の場を設け、参加者にその場でアプリ(後に「apps」と呼ばれるようになる)をつくりはじめる機会を提供した。デベロッパーたちは熱狂的な反応を示し、6カ月後には、25万以上のデベロッパー＊が2万5000種類以上の公認アプリをフェイスブック上で動作させていた。アプリの内容は、ユーザーが友達のページにメモを「走り書き」できる落書きアプリから、ポーカーや言葉遊びのアプリまで、さまざまだった。ザッカーバーグはとくに、スクラブルに似たゲームのアプリが気に入っていた。一緒にそのゲームをしようと祖父母を誘って、ついにフェイスブックに登録する気にさせた。

　プラットフォームを提供したことで、フェイスブックは単なるメディア会社からテクノロジー会社へと昇格した。また、ユーザーの多くがフェイスブックのサイトを以前より頻繁に訪れ、長くとどまるようになった。同時に、アプリを供給している小規模ソフトウェア開発会社の多くが、業績を好転させた。アプリを使用するユーザーに課金したり、アプリと一緒に広告を売ったりできたからだ。

　しかし、フェイスブックは再び資金難に直面していた。2007年秋にはユーザーが5000

フェイスブック

＊このとき、フェイスブックのプラットフォームを使ってアプリを開発したデベロッパーは、学生や個人のプログラマーからソフトウェア開発の大企業まで、さまざまだった

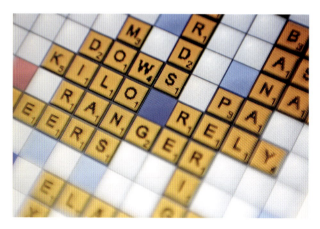

フェイスブックのゲーム、Lexulous（レクシュラス）は、もともとScrabulous（スクラビュラス）という名前だったが、ボードゲームのScrabble（スクラブル）の商標を侵害していると訴訟を起こされ、改名した

万人以上に増え、その約半数がアメリカ合衆国以外の国に住んでいたため、適切なインフラを構築し、維持するために、巨額の資金が必要になっていたのだ。

　対応策としてまず浮上したのは、フェイスブック社の株をわずかでも所有することに興味のある出資企業をさがす、という案だった。候補は何社もあった。フェイスブックが国際的に成長し、プラットフォームも成功させて、輝いていたためだ。ひときわ熱意を示した企業のなかには、ライバル関係にあるグーグルとマイクロソフトもいて、両社とも広告権の交渉を並行して行いたいとしていた。やがて、10月、マイクロソフトとの契約が発表されると、フェイスブックの動向に注目していた人たちの多くは、その規模に驚愕した。マイクロソフトは、フェイスブック社の株の1.6％を所有するのとひきかえに、同社に2億4000万ドルを投資することになったのだ。

　11月に入ると、フェイスブックの業績見通しは明るくなった。ザッカーバーグが「フェイスブック広告」の掲載を始めると発表したからだ。それは、彼があまり抵抗なくサイトに導入できる広告システムだった。企業はフェイスブック内に独自の「ファンページ」をつくり、「ファン」を募る。ユーザーは特定の企業の「ファン」として登録し、見返りに特別な機会やタイムリーな情報をときどき受け取る。企業はまた、小さめの広告をつくって特定のユーザーグループのページに表示することもできた。どんなグループをターゲットにするかは、ユーザーの年齢、居住地、以前に購入した製品・サービスなどをもとに決め

た。それらの情報は、フェイスブックがオンライン追跡システムを使って集めた。

ところが、そうして集めた情報を新たなアプリの「ビーコン」と組み合わせて使ったことが、フェイスブックにとって最悪の失策となってしまった。ビーコンは、ユーザーがオンラインで何を購入したかという情報を友達のニュースフィードに表示するアプリだ。それは、多くの人からプライバシーの侵害と受け取られただけでなく、せっかくのプレゼントを台無しにするという弊害ももたらした。たとえば、ある女性は、クリスマスに夫からダイヤの指輪をプレゼントされるということを、いち早く知ってしまった。夫がオンライン・ショッピングサイトのOverstock.com（オーバーストック・ドット・コム）でそれを買ったと、ニュースフィードがわざわざ教えてくれたからだ。

ビーコンをめぐって巻き起こった騒動に、ザッカーバーグは仰天した。そしてまたもや、フェイスブックの最高経営責任者(CEO)として、問題の多いアプリについて公式に謝罪せざるをえなくなった。彼は、「このアプリの導入に際して、わたしたちは大失敗を犯しました」と非を認め、ユーザーは今後、ビーコンを許諾（オプトイン）するか拒否（オプトアウト）するかを選択できる、としたうえで、「申し訳ありませんでした」と謝罪した。

「フェイスブックの創業当初から、われわれの使命は社会をより開かれた場所にすることでした……みんながもっと多くの場でもっとオープンになれるよう、手助けするのです」

——フェイスブックの初期の社員、デイブ・モリンの言葉

フェイスブックはあらゆる年齢層のユーザーをひきつけたいと熱望していたが、ユーザーも従業員も、ほとんどは若者だった

## 政治への参加

　フェイスブックのユーザーは、初期の頃から政治的信条を堂々とサイトに載せていたが、そこで話題にのぼっていた政治家たちも、やがてフェイスブック上に自分のページをつくるようになった。2008年には、ユーザーのあいだでも公職選挙の立候補者のあいだでも、フェイスブックが重要な討論の場となった。そのなかには、大統領選挙の主たる立候補者、共和党上院議員のジョン・マケインと民主党上院議員のバラク・オバマもいた。オバマは選挙戦略の一環として、フェイスブックの創業者のひとりであるクリス・ヒューズを雇い、オンラインでの情報発信を手伝ってもらった。ヒューズの助力によって、オバマはフェイスブックで強力な支持を集め、選挙期間中に100万人以上の「友達」をつくった。その結果、テレビのニュースや新聞記事にあまり注目しない若年層にも、メッセージを届けることができた。こうした戦略が功を奏して、オバマは25歳未満のアメリカ人の票のほぼ70％を獲得した。この年の大統領選挙を、多くの人が「フェイスブック選挙」として記憶することになった。

# 5 プライバシーの問題

　ビーコンの件でまだ憤慨しているユーザーもいたが、フェイスブックは成長に向けた計画を進めることにした。2008年初頭には、ヨーロッパのユーザーのためにスペイン語、フランス語、ドイツ語のサイトをつくった。また、4月には「フェイスブック・チャット」というフォーマットを導入して、フェイスブックに同時にログインしている友達と短いメッセージをやりとりできるようにした。

　しかし、そうした新しい動きのかげで、ビーコンがもたらしたプライバシー侵害への懸念が依然としてくすぶっていた。ユーザーは、フェイスブックにかなりの量の個人情報を知られていることと、その情報にだれがアクセスするかわからないことに不安を募らせた。そこで、2008年3月、フェイスブックはプライバシー制御機能を更新した。その結果、各ユーザーは、自分に関する情報をどこまで全ユーザーに公開するか、決められるようになった。また、プロフィールの一部について、公開する相手を友達、または友達の友達に限定することも可能になった。

フェイスブックは、成長するにつれ、個人情報を集めたり活用したりする方法をめぐって、ときおり抗議を浴びるようになった

フェイスブックの社内には、プライバシー制御をさらに進めるべきだという意見もあったが、ザッカーバーグは、みんながなるべく自由に情報を共有できるほうがいいし、むしろそうするように奨励(しょうれい)すべきだという考えだった。彼はよくブログに、ユーザーは自身の情報を制御する権利を持つべきだ、と書いたが、同時に、より多くの情報が公開される、よりオープンで透明性の高い社会が到来すればいいと思う、とも書いていた。

　そこで、2009年末には新たなプライバシー制御機能を導入し、フェイスブックの全ユーザーに設定をし直すよう指示した。このときの目玉は「全員に公開(エブリワン)」という選択肢(オプション)が設けられたことで、これにより、各ユーザーは自身の個人情報のなかから、フェイスブックの全ユーザー3億5000万人と共有したい情報を選べることになった。ところがフェイスブック側は、ユーザーが設定をし直さないかぎり、すべての情報について「全員に公開」を既定値(デフォルト)としてしまった。そのため、プライバシー制御機能に無関心だった人や、わざわざ時間を割いて自分のプライバシー設定をチェックしなかった人など、多くのユーザーの情報がいきなり、本人たちが思う以上に人目にさらされてしまった。くわえてフェイスブックは、全ユーザーの氏名、プロフィール用写真、性別の公開を既定値としていた。さらに、誤作動が幾度か起こって、個人的なメッセージが意図しない相手に送られてしまったり、個人的なチャットが公開されてしまったりという事態も生じた。

　ユーザーたちはまたも憤慨した。だが、それだけでは済まなかった。2009年12月には、10のプライバシー保護団体が合同で、米国連邦取引委員会(FTC)に正式に抗議を申し入れ、フェイスブック社の情報の取り扱いについて調査を要請するとともに、同社に罰金刑を課すよう求めた。続いて、2010年初頭には、米国の上院議員4名もFTCに調査を要請し、プライバシーに関する新たなガイドラインを、フェイスブックをはじめとするソーシャルネットワーク・サイトに課すよう、求めた。

　ザッカーバーグ自身は、情報はできるだけオープンにという考え方だったが、苦情に耳を傾けないわけにはいかず、プライバシー保護を訴える人々とのミーティングの場を何度か設けた。また、ニューヨーク州選出のチャールズ・シューマー上院議員とも会った。シューマー氏は、フェイスブックのビジネス慣行についてFTCに調査を要請した、4人の上院議員のひとりだ。そうした人々からのアドバイスをもとに、フェイスブックは2010年5

月、プライバシーに関する新たな方針を発表した。その結果、ユーザーの選択肢はよりシンプルになり、自身の情報を公開するかどうかについて、より強い制御力を持つことになった。ザッカーバーグは次のように説明した。「人は、共有する情報を制御できれば、もっと多くの情報を共有したいと思うようになるものだ。共有する情報が増えれば、世界はもっとオープンになり、より多くの人がつながりを持つようになる……わたしたちが聞いた意見のなかでいちばん役に立ったのは、情報をなるべくシンプルな方法で制御したいと望んでいるユーザーが多いということだ」

2010年の初めにフェイスブックのユーザーは4億人に達し、7月には5億人を突破した。これは、米国、カナダ、メキシコの全人口を合わせた数よりも多い。その前年に、ザッカーバーグは、パロアルトの元工場だった広い建物に全従業員を移動させていた＊。その社屋は、壁とドアの多くが巨大なホワイトボードになっていて、従業員がアイデアを思いつく

＊2011年12月19日に本社をパロアルトからメンローパークに移した

フェイスブックはユーザーの不安に対処すべく、情報の公開度を制御するための選択肢を増やした

まま書いたり、新たな計画を立てたりできるようになっていた。従業員は朝食を無料でとることができ、社内をスケートボードで移動できた。会社の収益ものびて、2009年には7億7000万ドルを超えたといわれている。

　フェイスブックは、非公開会社であるかぎり、財務報告をする義務はなかった。しかし、2010年末までには、初期の投資家のひとりであるピーター・シールをはじめ、部内者の多くが、同社はいずれ公開会社となり、株が株式市場で売買されることになるだろうと見通しを語り出した。売上が10億ドルに達したときが株式公開のタイミングだとする説もあれば、2012年まで株式公開はないだろうという説もあった。結局、フェイスブックは、2012年5月に公開会社となった。公開初日の時価総額は1040億ドルに達した。

　ザッカーバーグは創業当初から、会社の売上目標を積極的に語ろうとはしなかった。大事なのは金もうけではなく、フェイスブックがユーザーにどんな恩恵をもたらせるかだと主張していた。だが、フェイスブックの将来の目標を語ることはためらわなかった。その目標とは、何十億人ものユーザーを獲得して、その人たちに可能なかぎり最高のサービスを提供することだという。

　それは、ザッカーバーグが2004年の冬の日に大学の寮の部屋でソーシャルネットワーク・サイトを立ち上げた際に抱いていた目標と、まったく同じだ。あのときのソーシャルネットワークが世界中の何億人ものユーザーに広がるとは、彼自身、想像しなかったかもしれない。だが、人と人をつなぐネットワークを築いて、よりオープンな雰囲気の社会にしたいという彼の意思は、当時も今も変わっていない。

「ぼくの目標は、単に会社をつくることではなく……
世界を大きく変える何かをつくり上げることなのです」

——フェイスブック創業者、マーク・ザッカーバーグの言葉

2011年、マーク・ザッカーバーグは27歳にして、135億ドルの資産(推定)を所有し、経済誌『フォーブス』の世界長者番付にランクインした

## フェイスブックで御用に

　フェイスブックがどんなにプライバシー制御を行っても、一部のユーザーが自分や他人を面倒に巻きこむ投稿をするのを止めることはできなかった。というのも、ユーザーの親、学校、雇用主、法執行機関の役人に至るまで、だれでも、いとも簡単に、サイト上で「有罪」の証拠を見つけることができたからだ。たとえば、マサチューセッツ州のある高校生は、クラスメイトたちのフェイスブックを調べて、アルコールを飲んでいる写真を見つけ、校長に送った。別の高校では、校長自らが生徒たちのフェイスブックに目を通して、運動選手のパーティーの写真を見つけ、ビールの瓶を手にしている生徒たちを停学処分にした。だが、面倒に巻きこまれたのは子どもたちばかりではない。ある若い会社員は、急な家庭の事情で仕事を休むと上司に連絡しておきながら、パーティーに出ている写真を友達にフェイスブックに投稿され、首になった。また、ニューヨークでは、バラク・オバマが大統領に選出されたとき、ある刑事がフェイスブックの近況欄（ステータス）に人種的偏見をうかがわせるコメントを投稿し、降格処分を受けた。

〈2012年以降の主な動き・トピックス〉
- 2012年　写真投稿アプリの「インスタグラム」を10億ドルで買収
- 2014年　フェイスブック、誕生10周年を迎える
- 2014年　スマートフォン向けメッセージサービス「ワッツアップ」の運営会社を約218億ドルで買収

### 日本語版 監修者の言葉

## 若者たちよ、創業者のような不屈の精神でやりたいことにチャレンジしよう

皆さんがこの本を読むときっと何かをやろうという思いに駆られるだろう。僕らにだってチャンスはあると感じるに違いない。その通り。まわりを見渡せば、チャンスはどこにでもいつでも転がっている。この本に出てくるディズニー、ナイキ、マクドナルド、アップル、グーグル、フェイスブックの創業のきっかけを読むと、誰もが心の底に持っているチャレンジ精神が奮い起こされることになるだろう。さあ、皆さんもこれからの自分が演じることのできるようなシナリオを描いてみてはどうだろうか？

## ディズニーに飛びこんでいった若き日の挑戦

　この本に出てくるアメリカの企業はすべて、私の青春時代そのものといってもいい。これから順を追って話していこう。

　ディズニーは私の恩人だ。私が生まれて初めて会社を創業したのは1981年のことだった。場所は、コンピュータ関連企業が集まるカリフォルニア州のシリコンバレー。スタンフォード大学近くの運道具屋の2階の倉庫で、光ファイバー表示装置技術を発明し、希望に燃えてスタートした。でも現実は厳しく、早朝から夜中まで土日祭日もなしに毎日頑張ってもほぼ丸1年以上ほとんど売れず、絶望の淵にいるときにディズニーに出会った。ディズニーは大人にも子供にも夢を与えるのが事業で、そのために先端技術を恐れずに採用すると知って、シリコンバレーからディズニー技術本部のあるロサンゼルス近郊まで自動車で突っ走った。このころは飛行機の切符を買うのも節約しなければならなかったのだ。

　これが最後のチャンスと思って訪れたディズニーでは、「君はなぜこの事業をするのか？」「この製品は安全なのか？」と、いくつもの質問を浴びせられた。まっすぐに正面から相手の目を見て答えると、こんな製品はつくれるかと聞かれ、できると答えると、もう一度来いという。2回目に会ったときは、私の出した提案書を見てうなずくように見えたが、「君の会社の弱点は何か？」と聞かれた。「資金がないことです」と答えると、弱点などありませんと普通のアメリカ人は答えるのに、正直に告げたので驚いたようだった。何度も普通ではないやりとりがあった後、なんと1000万円を超える注文をもらえた。

喜び勇んでシリコンバレーのわが社まで最高速度でいそいそと帰ったものの大問題が発生した。余りに注文が大きすぎて材料を買うお金が足りない。翌日、再びロサンゼルスまで車を飛ばしてディズニーにつくとまず、預金通帳を見せて「手持ちの資金でまかなえる注文量にしてほしい」と頼んでみた。注文を減らしてほしいという前代未聞の依頼に驚いた表情を見せながらも、「しばらく待つように」と告げて姿を消した。数時間後、副社長は、「前金を渡す」と小切手を手渡してくれた。大きな金額の小切手を見たことがないので、驚いてどうして前金をくれるのかと聞くと、「すべてはディズニーランドの開発計画に合わせるためだ」とこともなげに言う。そこで、「この小切手を現金化して持ち逃げしたらどうするのか？」と聞くと、「あなたは私を騙さない。早く会社に戻り、仕事にかかりなさい」という返事があった。私はこのときビジネスの世界で初めて一人前の人間として認められたことに感激した。

　それからは無我夢中で働き期待に応え、ディズニーからは行くたびに大きな注文を受けることができるようになった。やがて、光ファイバー表示装置は、コンピュータメーカーからも大型の注文を受けるまでになった。無謀とも思える挑戦で学び得たことは「ビジネスは人と人とのぶつかり合い」ということだ。いくら学歴や肩書をぶら下げても、大量のデータを使って流ちょうにプレゼンテーションができても、自分という人間をわかってもらえなければ新しい仕事をとることはできないということを学ばせてもらった。自分という人間をわかってもらうとは、相手の心に飛びこむということであり表面的なテクニックではないのだ。創業者ウォルト・ディズニーもきっと相手の心に飛びこむことのできる腹のすわった人物だったのだろう。

## 常に誇りを失わず前進しつづけよう

　会社を創業する前に私は1979年から2年間スタンフォード大学大学院に学んだ。27歳まで続けていた中央アメリカでの考古学の研究資金がなくなったので、稼いでやろうと思ってやってきたのがシリコンバレーだった。

　まずはビジネスのイロハを学ぶためにビジネススクールに入学したが、そのとき注目を集めていたベンチャー企業はアップルだった。リンゴのロゴマークがあるので運輸業者が

間違えて冷蔵倉庫に入れたとか話題のつきない会社で、1976年に創業してまだ3年目の若いスティーブ・ジョブズも学校に来ては学生たちと交流するのだが、見かけはヒッピー風、あまり行儀のよくない感じで机の上に座って話をするので、こんな奴でも起業できるのなら誰だってできるというのが第一印象だった。私は光ファイバー事業が成功した後、インターネットに使われるTCPIPという通信手順をソフトウェアとして世界で初めて商品化したベンチャーに出資し自らも経営者となった。その頃はまだ、パソコンはインターネットにつながっていなかった。それどころかアップルとIBMのパソコンを同じネットワーク上で接続すらできていなかった。そこで、利用者の立場から見て不便なので、アップルとIBMを世界で初めて接続可能にした製品の開発に着手した。ジョブズは大いに感激していた。

そのころマイクロソフトの創業者ビル・ゲイツは、アップルのマッキントッシュOSに劣等感を感じていて、マックの画面と同じような操作が可能となる契約をアップルと結び、新しいOSの開発に着手するが、失敗することを恐れていた。やがて、私が創業したベンチャーキャピタルのDEFTAパートナーズが大株主であったSCO社に、独自に開発したPCユニックスOSを使わせてほしいと頼んできた。一方、失敗を恐れず大胆に舵取りをするジョブズは1985年にアップルを追い出されネクストを創業して自らの挑戦に取り組んでいたが、1997年にジョブズが復帰してから彼に会うと人物が変わったようになっていた。自ら創業した会社を追い出される経験は重い。読者のなかにも将来同じような目に合う人もいるだろう。でもその時に自分が受けた辱めをほかの人にしてはならない。どんな状況になったとしても、自らの誇りを捨てず上を向いて前に進むのだ。

今の日本で何をしようともリスクなどない。戦争で殺される心配もない。若者よ、スティーブの不屈の精神を感じ取ってみたまえ！　そして瞼を閉じてゆっくり考え、やりたいことにチャレンジするのだ。一歩踏み出せば視野は広がる。自分の一生は自分で描き演じるのだ。精いっぱい生きることは、人生を豊かにし楽しいものにする。やってごらん。

## 大企業になっても創業の精神を貫けるか

時代は下がるがグーグルとも大きな縁がある。2004年にグーグルが株式公開したころに

私はバングラデシュでブラックネットという会社を現地の人々と共同で創業した。この会社の事業をするうえで、グーグルを出資仲間として、また事業を起こすパートナーとして誘ったのだ。ブラックネットは、インターネット通信会社だ。将来、利益が出たら40％を農村部の教育や医療に使うことを目的のひとつとしている。人口1億6000万人のうち半分の人々が字を読んだり書いたりすることができないバングラデシュは、文字通りアジアで一番貧しい国である。ここにポータルサイトを設ける役割をグーグルに頼んだのだ。
　しかし意見は相違した。すべてを英語で行いたいというグーグルに対して、現地の言葉のベンガル語を重視したいという我々と意見が合わなかったのだ。このころの初々しいグーグルはどこへ行ったのかと最近は思う。ソフトとネットワークとルールをあやつりほかの企業のみならず世界を支配しようとしているのではないかとすら感じることがある。グーグルだけではない。いずれの米国ベンチャーも大きくなるとたどり着くなれの果ては、世界の支配なのか？
　フェイスブックが初めて外部から資金をうけいれたベンチャーキャピタルはアクセル・パートナーズだが、これは私が1985年の創業期に出資した会社で、90年代は私も共同経営者（ジェネラル・パートナー）をつとめていた。私の同僚だがずっと若いパートナーがフェイスブックを担当した。グーグルが成功した頃、この後にもっと成功するベンチャーなどあるのかと皆が思ったが、瞬く間に誕生したのがフェイスブックだ。チャンスはいつの時代にもあるのだ。創業者はハーバード大学の出身だが、やはりテクノロジー企業はシリコンバレーが中心と考えて引っ越してきたところをアプローチしたのだ。今はアプリケーションをつくるベンチャーが流行っているが、それはコアのテクノロジーをつくるベンチャーの成果物を応用してつくっているのだ。流行りのものを追いかけるよりも次を狙いたいのならばコアの技術を開発するのが面白い。
　ナイキは日本製スポーツ靴の輸入販売代理店としてスタートした。6万人近い従業員を擁する現在も、革新性とビジョンを忘れない企業だ。つい2016年まで創業者のフィル・ナイトが経営の第一線をとっていたから可能であったと思う。ナイキは、ギリシャ神話の勝利の女神であるニケに由来する名前だが、創業の精神を貫いたからこそ女神が守ってくれたのであろう。こうしたことに関心を持ったなら、著名なバイオ薬品会社のアイシス

(ISIS) とミネルバ（MINERVA）も調べてごらん。ビジネスで成功したいのなら、幅広い知識と好奇心を養うことは本当に大切だから。

## 企業の役割とは、よりよい社会をつくること

マクドナルドは大きな教訓を読者に与えてくれる。君たちはどうしてマクドナルドは、中国製の粗悪な材料を混入するなど、お客さんの信用を失うようなことをしたのか不思議に思うだろう。その理由は、米国で信じられている「会社は株主のものだ」といった間違った思想にある。仮にこれが正しいとすると、食の安全性にまで手をつけてでも株主への利益を出すことが高い優先順位となる。事故が起きるまでは、株価も上がり大きな利益配当金を出すことができるようになるので、メディアももてはやす。時間をかけて改良改善するよりも早く結果が出る方法をとる人が「名経営者」ともてはやされるが、やがて大事故が発生する。お客さんは離れ、株価は下がり、経営陣は刷新されるが、新しい経営陣の下で再び同じことが繰り返される。「株主資本主義」のもとではこのばかばかしいことが繰り返される。

21世紀は、この英米流の株主資本主義は通用しなくなるに違いない。これからは「公益資本主義」の時代が訪れるのだ。これこそが私の考えである。よりよい社会をつくるのが企業の役割であるという考えは、「企業は社会の公器である」と考える日本型の経営思想にある。会社を支えてくれる仲間は、社員、顧客、地域社会、仕入れ先（取引先）、地球、そして投資家（株主）からなる。会社はこれらの仲間すべてに利益を還元し、それによって社会全体をよりよい世界に変えていくことにその存在意義がある。

読者の多くは将来社会に出たときに、この本を読んで得られる震えるような感動と、「会社は社会の公器である」と論じる公益資本主義の考え方を忘れずにいてほしい。

アライアンス・フォーラム財団 創設者　原 丈人

● 参考文献
『魔法の仕掛人　ウォルト・ディズニー』ほるぷ出版、『ディズニー・タッチ』ダイヤモンド社、『ディズニー・ドリームの発想』（上・下巻）徳間書店、『スウッシュ　Nike 祥伝社、『ブランドなんかいらない』大月書店、『成功はゴミ箱の中に』プレジデント社、『マクドナルド　わが豊穣の人材』ダイヤモンド社、『ビッグマック　マクドナルドに学ぶ100億ドルビジネスのノウハウ』啓学出版、『アップル・コンフィデンシャル 2.5J』（上・下巻）アスペクト、『アップル薄氷の500日』SB クリエイティブ、『Google 誕生』イースト・プレス、『グーグル　ネット覇者の真実』CCC メディアハウス、『How Google Works（ハウ・グーグル・ワークス）ー私たちの働き方とマネジメント』日本経済新聞社、『フェイスブック　若き天才の野望』日経 BP 社

# 用語索引

## あ
アカデミー賞　9, 10, 14, 19
アップスタートル　151
アパレル　35, 37, 38, 55-58, 60, 62
アプリ　151, 168, 169, 174, 175, 177, 184

## い
印税　121
インフラ　163, 176

## え
エンジニアリング　107, 165
エンドーサー　45
エンドースメント契約　45, 49-51, 54, 60

## お
オペレーティングシステム（OS）　110, 111, 117, 122, 124, 187

## か
解像度　102, 103, 174
合併　43, 63, 79, 114, 115, 139
株式　13, 27, 31, 32, 43, 49, 73, 90, 104, 105, 112, 125, 127, 130, 144-147, 151, 163, 167, 182, 187
株式仲買人　73
株主　31, 32, 73, 84, 104, 119, 130, 149, 187, 189
株主総会　27, 31, 32, 75, 149
環境防衛基金　86

## き
ギガバイト　120, 144
キャッシュフロー　92

## く
グーグルブック検索　150, 151
ググる　137
クリンゴン語　141
クロストレーニング　51, 61

## け
経営陣　69, 86, 89, 143, 189
携帯情報端末（PDA）　110, 111

## 検
検索エンジン　125, 127-133, 135-137, 139, 142, 152-154
検索クエリ　132, 133

## こ
興行収入　10, 13, 19
コード　158, 159, 163
子会社　57, 154
コングロマリット　79
コンテンツ　141

## さ
サーバー　157-159, 161-163, 165, 168
サイトスペクト　152
暫定　116, 117, 119
サン・マイクロシステムズ　115, 129, 139

## し
時価総額　104, 105, 182
資産　26, 27, 103, 113, 183
自社株購入件（ストックオプション）　104, 105, 119, 134, 139, 145
市場　12, 13, 39, 49, 55, 57, 58, 61, 62, 73, 78, 79, 84, 95, 111, 114, 116, 121, 125, 127, 141, 142, 146, 147, 152, 182
市場シェア　78, 79, 114, 152
シスコシステムズ　129
四半期　112, 116, 117, 120, 138
シャムロックシェイク　75
純利益　90
証券取引委員会　145, 146
商標　44, 45, 47, 67, 70, 176
新規株式公開（IPO）　49, 145, 146
信任投票　32

## す
スニッカードゥードル　149
スポンサー　46, 74, 75

## そ
ソーシャルネットワーク　155, 157, 161, 166, 180, 182
ソフトウェア　105, 109, 111, 112, 115, 116, 120, 124, 133, 134, 139, 141, 143, 148, 152, 156, 169, 174, 175, 187

## た
ダッチオークション　146, 147

## ち
チップ　99, 103
著作権侵害　111, 150, 167

## て
ディスクストレージ　128, 129
デジタル版　120
デスクトップパブリッシング　109

## と
投資家　26, 27, 42, 49, 73, 102, 104, 125, 145, 146, 163, 164, 182, 189
独占販売契約　39, 44
ドメイン名　131, 155, 165
取締役会　27, 75, 90, 109, 112, 115, 116, 119

## な
ナスダック　125, 127, 146

## ね
年商　62
年度　54, 55, 58, 133

## は
ハードウェア　105, 109, 111, 127
ハードディスクドライブ　103, 127
買収　26, 27, 30, 32, 34, 57, 60, 79, 90, 91, 113, 115, 116, 150, 151, 154, 159, 164, 168, 184
パイラ・ラブズ　151
バナー広告　169
ハリウッド　5-9

## ひ
ピケライン　13
ピッグラテン　141

## ふ
歩合制　37
ファストフード　65, 67, 78-81, 84, 85, 89, 92, 94
ファヒータ　85
フィットネス　51, 54, 64
風洞　59

## プラットフォーム　151, 154, 175, 176
フランチャイズ　67-69, 72, 75, 80, 85, 89, 90
ブランドチャンネル　141
プリント基板　97, 99, 103
プレミア　10

## へ
ベンチャーキャピタル　133, 138, 145, 164, 165, 187, 188

## ま
マーケティング　72, 73, 105, 109, 114, 152, 169
マイクロプロセッサ　97, 103

## め
メディア　15, 32, 34, 55, 113, 146, 151, 175, 189

## ゆ
融資　43, 70, 103

## よ
予算　7, 9
与信枠　43

## り
利益　7, 12, 13, 25-27, 45, 67, 69, 70, 90, 92, 97, 100, 102, 105, 107, 111, 114, 117, 119, 121, 130, 134, 135, 138-140, 145, 149, 152, 170, 188, 189
リチウムイオン電池　115

## ろ
労働組合　13

## わ
ワールドワイドウェブ(www)　126, 127

## I
iPod　32, 120-123

## M
MP3プレーヤー　120, 121

## R
RAM　109
ROM　109, 129

■著■
**サラ・ギルバート**（Sara Gilbert）
＊マクドナルド、アップル、グーグル、フェイスブックを執筆
アメリカの作家、編集者。児童やヤングアダルト向けのノンフィクション作品を執筆するほか、新聞・雑誌・オンラインマガジン等に寄稿。雑誌の編集も手がける。ミネソタ州立大学にて、学内向け刊行物の制作にたずさわる。

**アーロン・フリッシュ**（Aaron Frisch）
＊ナイキを執筆
アメリカの作家、編集者。アインシュタインやエドガー・アラン・ポーの伝記、スポーツをテーマにした作品など、児童やヤングアダルト向けのノンフィクションを多数執筆。米国の独立系出版社協会や西部作家協会が主催する図書賞を受賞した。テキストを手がけた絵本に『ガール・イン・レッド』（西村書店）がある。2013年没。

**ヴァレリー・ボッデン**（Valerie Bodden）
＊ディズニーを執筆
アメリカの作家、編集者。文学、歴史、科学、伝記など、広範囲なテーマをあつかった児童向けのノンフィクション作品を100冊以上執筆。『スクールライブラリージャーナル』『ブックリスト』などの書評誌で高い評価を受けている。

■日本語版監修■
**原　丈人**（はら・じょうじ）
アライアンス・フォーラム財団 創設者。中央アメリカ考古学研究の研究資金を作るためにシリコンバレーで光ファイバー事業を起業。その後多数の中小ベンチャーを米国有数の大企業に育て、90年代に米国有数のベンチャーキャピタリストとなる。しかし英米を中心に多くの国々で富の二極分化が進むことに気づき、アライアンス・フォーラム財団を率いて、アフリカなど途上国で厚い中産階級層をつくるための行動を起こす。この理念の実現のために公益資本主義を提唱し、日本の財務省参与、国連政府間機関特命全権大使、ザンビア大統領顧問、米国共和党ビジネスアドバイザリーボード名誉共同会長として広く世界に浸透させる活動を行っている。著書に『新しい資本主義』（PHP研究所）、『増補 21世紀の国富論』（平凡社）がある。

■訳■
**野沢佳織**（のざわ・かおり）
上智大学英文学科卒業。翻訳家。訳書に、『秘密の花園』（西村書店）、『ブレイクの隣人』（柏書房）、『マリー・クヮント』（晶文社）、『遠い日の呼び声』（徳間書店）、『タイムボックス』（NHK出版）などがある。

## 夢を追いかける起業家たち

ディズニー、ナイキ、マクドナルド、アップル、グーグル、フェイスブック

2017年3月13日　初版第1刷発行

著　　　　　サラ・ギルバート、アーロン・フリッシュ、ヴァレリー・ボッデン
日本語版監修　原　丈人
訳　　　　　野沢佳織

発行人　西村正徳
発行所　西村書店　東京出版編集部
　　　　〒102-0071　千代田区富士見2-4-6
　　　　TEL 03-3239-7671　FAX 03-3239-7622
　　　　www.nishimurashoten.co.jp
印　刷　三報社印刷株式会社
製　本　株式会社灘波製本

本書の内容を無断で複写・複製すると、著作権および出版権の侵害となることがありますのでご注意ください。なお、本書に掲載されている図版の使用・転載許諾について、弊社はその権限を有しておりません。

ISBN978-4-89013-764-0　C0060　NDC600